和孩子一起成长

高情商父母必学的心理学

金文 ◎ 著

台海出版社

图书在版编目（CIP）数据

蹲下来和孩子一起成长：高情商父母必学的心理学 /
金文著 . -- 北京：台海出版社，2017.10
ISBN 978-7-5168-1568-7

Ⅰ . ①蹲… Ⅱ . ①金… Ⅲ . ①家庭教育—教育心理学
Ⅳ . ① G780

中国版本图书馆 CIP 数据核字（2017）第 229401 号

蹲下来和孩子一起成长：高情商父母必学的心理学

著　　者｜金　文

责任编辑｜刘　峰　贾凤华　　　　策划编辑｜赵荣颖
封面设计｜十　三　　　　　　　　责任印制｜蔡　旭

出版发行｜台海出版社
地　　址｜北京市东城区景山东街 20 号　邮政编码：100009
电　　话｜010 — 64041652（发行，邮购）
传　　真｜010 — 84045799（总编室）
网　　址｜www.taimeng.org.cn/thcbs/default.htm
E — mail｜thcbs@126.com

印　　刷｜北京嘉业印刷厂
开　　本｜710 毫米 × 1000 毫米　1/16
字　　数｜240 千字
印　　张｜15.5
版　　次｜2017 年 11 月第 1 版
印　　次｜2017 年 11 月第 1 次印刷
书　　号｜ISBN 978-7-5168-1568-7
定　　价｜39.80元

好父母要懂点心理学

有这样一个教子故事：

8岁的约翰上学时常常忘记带午饭，每当这时，他就打电话要求妈妈到学校给自己送饭。约翰的妈妈是一位会计师，工作很是繁忙，约翰的坏习惯使得她深受其害，经常被打断工作不说，也极为耽误时间。

为此，妈妈多次找约翰谈话，但无论是苦口婆心说道理，还是气极了打骂，收效都微乎其微。约翰照旧记不住带饭。

很偶然的一次机会，约翰妈妈去听教育指导专家的讲课，听到"自然惩罚法则"这一新的教育理念——"自然惩罚法则"的具体含义是：当孩子在行为上犯了错误时，父母应该让孩子自己承担错误直接造成的后果，给孩子以心理惩罚，使他们能够正确认识自己的错误，进而自觉改正错误。

约翰妈妈决定试试这个方法，让孩子自己尝尝错误的结果。于是，妈妈找到约翰谈话，认真地告诉他："约翰，妈妈觉得你已经长大了，有能力为自己的事情负责。妈妈工作很忙，不能总是给你送饭到学校。如果你下次还是忘记带饭，你应该自己对此负责。"

约翰答应得很痛快。但是第二天，约翰还是忘记带饭了，他习惯性地又给妈妈打电话："妈妈，我忘记带饭了。您给我送来好吗？要不我就得饿肚子了。"

妈妈说："我们已经说过了，约翰。你应该为自己的行为负责。妈妈很忙，没空过去给你送饭。"

约翰继续跟妈妈磨，但是这次妈妈很坚定。她很和蔼但坚决地拒绝了约翰的要求。

约翰没办法，只好饿着肚子。整整一下午，约翰都在忍受饥饿的折磨。

晚上回到家的约翰很是生气，妈妈决定不安慰他，让他自己好好想想。体验到自己因不带午饭而忍受饥肠辘辘的滋味。约翰虽然不是很开心，但在以后，妈妈发现，约翰真的很少再忘记带午饭了。

如果您也拥有一个像约翰那样的捣蛋鬼，您会怎么处理类似的情况呢？或者说您的宝贝更调皮，他总是喜欢摔坏玩具，还不爱阅读，您又该怎么办呢？

解决方法很简单：您只要一句话——运用"自然惩罚法则"，郑重其事地向他宣布一个月之内不再给他买新玩具，一个动作——套用"狼性法则"，把他需要阅读的图书藏起来，吊足他们的好奇心就OK了。

其实，孩子的第一种"问题"行为背后都隐藏着某种心理需求，优秀的父母会根据孩子的心理特点，因势利导地引导孩子对事物产生兴趣或改正缺点，就像中国近现代教育家陈鹤琴所说的："家庭教育必须根据儿童的心理始能行之得当……总的来说，他们是好游嬉的、好奇的、好群的、好模仿的、喜欢野外生活的、喜欢成功的、喜欢别人赞许他的。"而打骂和强迫孩子，无疑是最蠢笨的教育方式。

作为父母，我们爱孩子，但我们更应该懂孩子！在教育孩子的时候，我们必须首先了解孩子的心理和特点，绝不能把自己的意愿强加在孩子身上。否则，就会事与愿违，导致孩子自卑、自闭、不自信，甚至因此毁掉孩子的一生。

正所谓"爱不需要理由，但是爱需要技巧"。家长教育理念上的"一念之差"，真的可以让孩子的命运有"千差万别"的不同。只要父母懂点心理学，再去谈教育，自然水到渠成、事半功倍。

目 录

鱼缸法则

"放纵"比强制更有力量

孩子的成长需要自由的空间。要想使孩子茁壮成长，就一定要给他们活动的自由，而不让他们拘泥于一个小小的"鱼缸"。

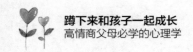

鱼缸法则

走进美国超大公司纽约总部，首先映入眼帘的是办公室门口摆着的一个漂亮鱼缸。鱼缸里十几条产自热带的杂交鱼开心地嬉戏着，它们长约3寸，脊背一片红色，头尤其大，长得很是漂亮。进进出出的人几乎都会因为这些美丽的鱼而驻足停留。

头大背红的小鱼们一直在鱼缸中鲜活地生长着，它们过得相当自得其乐，时而游玩，时而小憩，吸引着众人欣赏的目光。两年过去了，小鱼们的"个头"似乎没有什么变化，依旧3寸来长，在小小的鱼缸里游刃有余地游来游去。

这一天，董事长的顽皮小子来找父亲，看到这些长相奇特的小鱼，很是好奇，于是非常兴奋地试图去抓出一只来。慌乱中，鱼缸被他从桌子上推了下来，碎了一地。鱼缸里的水四处横流，十几条热带鱼可怜巴巴地趴在地上苟延残喘。

办公室的人急忙把它们捡起来，但是鱼缸碎了，把它们安置在哪呢？人们四处张望，发现只有院子中的喷水泉可以做它们暂时的容身之所。于是，人们把那十几条鱼放了进去。

两个月后，一个新的鱼缸被抬了回来。人们纷纷跑到喷泉边捞那些漂亮的小鱼。十几条鱼都被捞起来了，但令他们非常惊讶的是，仅仅两个月的时间，那些鱼竟然都由3寸来长疯长到了1尺！

对于鱼的突然长大，人们七嘴八舌，众说纷纭。有的说可能是因为喷泉的水是活水，最有利于鱼的生长；有的说喷泉里可能含有某种矿物质，是它促进了鱼的生长；也有的说那些鱼可能是吃了什么特殊的食物。但无论如何，都有共同的前提，那就是喷泉要比鱼缸大得多！

对于孩子的教育，事实也是这样，孩子的成长需要自由的空间。要想使孩子长得更快、更大，就一定要给他活动的自由，而不要让他们拘泥于一个小小的"鱼缸"。后来人们把这种由于给孩子更大的空间而带来孩子更快发展的现象称为"鱼缸法则"。

随着孩子的成长，父母应给孩子越来越多的自由让他们来控制自己的生活。父母必须有意识地要求自己，甚至是克制自己，不要有那种什么事都为孩子做的想法和冲动，给孩子充分的空间。

作为父母，应该除掉多余的担心，尽可能让孩子接触到各类东西，让孩子自己去体验各种各样的经历。每个孩子都有自己的选择方式，都有自己的想法，都有自己的定位，每个孩子的世界都是一个相对独立的世界。对于生活的环境，孩子们已经逐渐形成自身的一套处事方式，家长不要过于强求孩子不愿做的事情。强制性的教育方式带来的只有孩子的逆反心理。

让自己成为孩子的引导者，而不是强制者。给孩子一定的自由，表明我们信任和尊重孩子。得到信任和尊重的孩子会因此更加尊重我们，爱我们。

少年克里斯的烦恼

对于孩子的自由，为人父母者首先应该给孩子选择的自由，尊重孩子的选择，哪怕那是多么的错误与愚蠢，因为每个人都希望自己有选择的权利。

圣诞节到了，爸爸是个狂热的集邮爱好者，因此，他送克里斯的礼物是一整套珍贵的邮票。爸爸希望，这套珍贵的邮票能唤起克里斯集邮的兴趣。

事实上，8岁的克里斯根本对集邮没兴趣，他希望得到的是一套篮球明星卡，而不是爸爸眼里的珍贵邮票。

一天，克里斯在朋友那里发现了自己梦寐以求的那套篮球明星卡，他很眼馋，于是就用爸爸送的邮票换回了朋友的明星卡。

发现这个交换后，爸爸非常恼火。令他生气的不只是克里斯不尊重自己，把爸爸送给他的礼物轻易地跟别人换掉。另外，爸爸认为，和克里斯交换的小孩年龄比克里斯大，应该懂得邮票的价值要远远超过那套明星卡的价值。爸爸觉得他知道这些却没有告诉克里斯，明显是在占克里斯的便宜。

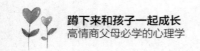

爸爸用权威的姿态要求克里斯从朋友那里要回那套邮票，并退回了篮球明星卡。他鄙夷地向克里斯指出两件东西是不等价的。最后，克里斯被迫执行了爸爸的命令，这使得克里斯非常的窘迫，觉得自己十分的笨拙，和朋友之间的关系也就此破裂。

事实上，克里斯爸爸的做法严重伤害了克里斯的自尊，使克里斯对自己的判断能力产生了怀疑。克里斯虽然年幼，人生观还不是很健全，但是他同样也有自己的观点。对于孩子自己的事情，父母要想法给予引导，将自己的要求隐藏在得体的语言引导上，让孩子看清楚事情的真实面貌，进而做出正确的选择。粗暴的命令式态度最有可能招致的是孩子的反抗。

美国数学家哈里·科勒的老师是个博学多才的人，他精通数学，通晓物理、天文，还是一位出色的教育家。

有一次，哈里·科勒的老师与他的夫人讨论如何才能教好学生的问题。他说："教育学生就如同牧童放牛，我们不能像那些无知的牧童，只凭性子硬牵着牛的鼻子走路，我们要学习那些有经验的农民，他们牵牛时，只到拐弯的地方才抖动一下缰绳。"

老师就是用这种方法教育哈里·科勒的——借书给科勒看，先让他自学，不懂可以再问老师，解答时老师也只是稍微提示一下。"我从来不像有的人喂孩子一样，一灌一个饱，也不将食物嚼烂了喂给孩子吃，我只是引起他吃东西的兴趣，让他自己摸索着走，就像牵牛一样，到拐弯处才给他指引一下。"

父母在教育孩子的过程中，担当的应该是指导的角色，让孩子自己去做决定。这样，孩子才不会过分依赖父母，他们的积极性才能得到更好的发挥，潜能才能得到挖掘。

有些父母会让孩子象征性地做出选择，但由于附加了苛刻的条件，孩子也相当于没有选择了。

1631年，英国剑桥商人霍布森贩马时，把马匹放出来供顾客挑选，但附加一个条件只许挑选最靠近门边的那匹马。显然，加上这个条件实际上就等于不让挑选。这种没有选择余地的所谓"选择"，让人根本没得选择。

在父母教育孩子方面，如果父母使用命令的方式，强制性地要求孩子什么可以做，什么不可以做，会让孩子陷入无奈的境地，导致他们更多的反抗。相反，如果父母在自己的要求中带有尊重，维护孩子的自主性，给孩子自由选择的权利，孩子对父母的反抗就会少一些。

如果不想让孩子留有遗憾，就给孩子自由选择的权利吧，你能代替他做很多事，但是不能代替孩子生活，让他们自由地选择如何处理自己生活中遇到的各种状况，我们要做的是，以我们的经验去给他一些建议。

遇到一个"缠小子"

选择取决于思考，一个人要想进行自由选择，前提条件是可以进行自由的思考，每一个父母都应该培养孩子自由思考的习惯，只有这样，孩子才不会成为父母的傀儡。

课余，老师和孩子们在做脑筋急转弯的比赛游戏。游戏的规则是由孩子自己出题，答对的孩子才有资格做下一个出题者。孩子们都很踊跃，他们积极参与着，思考能力在无形中得到了锻炼。

又一轮比赛开始了，这次出的题是："树上有10只鸟，开枪打死一只，还剩几只？"

这是一个流传很广的脑筋急转弯。孩子们大概都听到过其答案，因此，"9只""一只不剩"，几乎所有的孩子都抢着说答案。老师发现，只有托尼没有吭声，他安静地坐着，显然是在努力思考。

老师问："托尼，你觉得是几只呢？"

托尼没有直接回答老师的问题，反而问老师："在这个城市里打鸟不是犯法的吗？"

老师："我们假设不犯法。"

"那打鸟人使用的是什么手枪呢？是无声手枪吗？"

"不是。"

"枪声有多大？会不会震得耳朵疼？"

"肯定会疼的，80分贝至100分贝。"

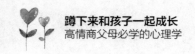

老师被问得有点摸不着头脑："这些问题跟还剩几只鸟有关吗？"

"有关的，老师。"托尼继续问道，"您确定那只鸟真的被打死啦？"

"确定。拜托，你告诉我还剩几只就行了，OK？"

"OK，树上有没有关在笼子里的鸟？"

"没有。"

"边上还有没有其他的树，边上的树上有鸟吗？"

"没有。只有这一棵树。"

"有没有残疾的或饿得飞不动的鸟？"

"没有。"

"鸟里边有没有聋子，听不到枪声的？"

"没有。"

"有没有傻得不怕死的？"

"都怕死。"

老师很不耐烦地问："托尼，你到底知道还剩几只吗？"

"还有最后一个问题，老师。算不算怀孕肚子里的小鸟？"

"不算。"

"哦，如果您的回答没有骗人，打鸟人的眼也没有花，"托尼满怀信心地说，"打死的鸟要是挂在树上没摔下来，那么就剩一只，如果掉下来，就一只不剩。"

已经满头是汗的老师这次连话都说不出来了。

从故事中我们可以看到：孩子的思想在没有禁锢、没有限制的情况下，是多么自由奔放、充满生命的活力！

有创造性思维的孩子大都是善于提出问题的孩子。

伟大的科学家爱因斯坦曾说过："提出一个问题往往比解决一个问题更重要，因为解决问题也许仅是一个数学上或实验上的技能而已。而提出新的问题、新的可能性，从新的角度去看旧的问题，却都要有创造性的想象力，而且标志着科学的真正进步。"

爱因斯坦自己就是一个很好的例证。他之所以能成为一个伟大的科学家，一个突出的特点是爱提问，用他自己的话说："我没有什么特别的才能，不过喜欢寻根刨底地追究问题罢了。"他认为"想象力比知识更重要，因为知识是有限的，而想象力概括着世界上的一切，推动着进步，并且是知识进化的源泉"。

培养"有创造性的想象力"，需要一个自由、宽松的发展空间。那些"很棒"的孩子，很有创造力的孩子，身边都有一个"善解人意"的妈妈，或本身就有创造能力的爸爸，也或者是某个很赏识他的创造才能，对他的"奇思妙想"很感兴趣的人。因此，父母给予孩子自由地思考的空间，是孩子健康成长，培养创造性思维的关键。

具有创造性思维能力的人是我们这个时代奇缺的人才。我们常常感叹，在今天具有创造性思维的人才太少了，原创性的东西也太少了。造成这种现象的原因很多，其中不可忽视的一点就是：父母们给予孩子自由思考的时间太少，孩子心灵缺少足够的自由空间。

自由是心灵成长的基础，是创新思维的源头。思维缺少自由，头脑就会老化，灵感就会消失。给孩子独立思考的空间，才有可能培养孩子的创造性思维。

学会"放养"孩子

台湾诗人非马在一首诗中这样写道：

打开笼门

让鸟儿飞走

把自由还给

鸟笼

打开笼门，飞走的鸟儿获得了自由，然而全诗的点睛之处在于，鸟儿获得自由的同时，鸟笼也获得了自由。

随着社会发展速度的加快和社会竞争的加剧，父母们"望子成龙"，"望女成凤"的愿望比任何时候都更为迫切，与之相对应的是父母对孩子将来的规

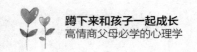
划越来越多，甚至日常生活都要严加管理，时时刻刻地看管、监视和提防，这使得父母自己耗尽时间、心机和精力。

"囚禁"孩子的同时，父母也失去了自由。

然而，结果却与愿望不相符。笼子里的鸟儿——孩子感叹：好没自由！父母这只鸟笼也慨叹：活着真累啊！

被喂养惯了的动物接受放养时，通常自己不会捕食，生存法则告诉我们：动物如果学不会自己捕食的话，就有可能饿死。孩子也是同样。在父母的庇护下长大的孩子通常没有在社会独自生存的能力。一旦父母因为一些原因无法顾及他们，他们就只能被社会淘汰。

让孩子知道，属于他自己的事，他能够做好的，他就应该做好，父母尽管可以帮他，可以教他，但不可能一辈子替他做。而他做那些事，是为了他自己，不是为了父母。

一个孩子如果能够具备基本的生存能力，他就会很有信心处理生活中发生的事情，面对困难也能够想尽办法去解决，因而也就能够让父母放心地把他放到社会上去经受考验。这就跟把动物放归山林之前，需要训练它们的捕食能力一样。

给孩子自由，并不意味着父母放手不管。

孩子由于社会经验不足、年龄太小等原因，往往不能很好地处理自己的事情，父母如果撒手不管，给予孩子太多自由，效果并不一定很好。这时就又用到了"野生动物保护区"的政策——"有保护地放养"，既让他们在自然的环境里自由成长，又进行必要的追踪保护；既不是放任自流，又不是管得面面俱到。

"有保护地放养"就是父母不断地观察和了解孩子的心态，在关键时刻及时伸出援手，向孩子们提供解决问题的原则和思路，同时把最后的决定权交给孩子，让孩子自己承担结果。

把孩子"放养"，最重要的就是让孩子从小就得培养一定的独立自主的能力及一个为自己生存负责的观念。要让孩子知道：他要靠自己努力，才能达到他的目标。每个人的能力有大小，但人都要为自己负责，应该尽力发挥自己的聪明才智，努力达到自己的目标。

系鞋带、铺床叠被就是一个简单的例子。在教孩子系鞋带的时候，父母要传导给孩子这样一个观念：这是你的事，你要学会自己做自己的事。你必须做好你自己能力范围内的事，如果你做不好，你就得自己负责任。

给孩子自由并不是说孩子可以不遵守社会规则，随心所欲做任何事。

事实上想在现代社会生存，每个人都有必要遵守一些基本规则。如果孩子从小能将某些规则内化成习惯，他就不会觉得那些规则是难忍的束缚，就能最大限度地享受自由。而那些没有任何规则意识的孩子长大以后，在一个秩序化的社会将感受到更多的压抑，甚至无法融入社会。

此外，社会通用的基本规则也能够帮助孩子适当地克制他们的任性，有计划地、有条理地去完成他们要做的事，而不用父母事事督促，时时检查。

比如在给孩子自由安排自己生活的同时，也要让孩子知道他们应该按时睡觉和起床，否则第二天上学将受到影响。这样的规则延伸到学习上，孩子就会知道什么时候该做作业，什么时候该玩，用不着父母去催促。

如果孩子没写完作业就去玩，对他来说，就是顶着压力去玩，玩不痛快，只有做完了，他才能轻轻松松。而为了有更多的时间去玩，他学习的时候专心致志，尽力提高速度。这一好习惯如果养成了，不但孩子能够获得尊重和自由，家长也获得了很多自由，不用再为这类事情操心。

事实证明，没有硬性管理的孩子都有一个共同的特点：学习向来不需父母督促，自己的生活也管理得不错，算得上井井有条；能专心做自己喜欢的事，比较有主见，较少受外界的影响。

打开笼门，把自由还给"鸟儿"和"鸟笼"，也许当你打开笼门，鸟儿反倒愿意回来了。因为敞开的鸟笼已不再是牢房，而成了一个温暖的窝。

罗森塔尔效应
用积极的暗示武装孩子

每一个孩子都可能成为非凡的天才，一个孩子能不能成为天才，取决于家长和老师能不能像对待天才一样爱他、期望他、教育他。孩子的成长方向来自父母和老师的期望，你期望孩子成为一个什么样的人，他就可能成为一个什么样的人。

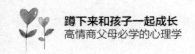

罗森塔尔效应

罗森塔尔是20世纪美国著名的心理学家,1966年,他做了一项实验,研究教师的期望对学生成绩的影响。

罗森塔尔和助手来到一所小学,声称要进行一个"未来发展趋势测验",测验结束后,他们以赞赏的口吻将一份"最有发展前途者"的名单交给了校长和相关老师,叮嘱他们务必保密,以免影响实验的正确性。其实他们撒了一个"权威性谎言",因为名单上的学生根本就是随机挑选的。

8个月后,奇迹出现了。凡是上了名单的学生,成绩都有了较大的进步,且各方面都表现得很优秀。被期望的学生在智商上有了明显的提高,这一点对于智商中等的学生表现得尤为显著。从教师所做的行为和性格的鉴定中可知,被期望的学生表现出更强的适应能力,更大的魅力,更强的求知欲。

显然,罗森塔尔的"权威性谎言"发生了作用,因为这个谎言对老师产生了暗示,老师们相信专家的结论,相信那些被指定的孩子确有前途,于是对他们寄予了更高的期望,投入了更大的热情,更加信任、鼓励他们。

这份名单左右了老师对学生能力的评价;而老师又将自己的这一心理活动通过自己的情感、语言和行为传染给学生,使他们强烈地感受到来自老师的关爱和期望,变得更加自尊、自爱、自信、自强,从而使各方面都得到异乎寻常的进步。这些孩子感受到教师对自己的信任和期望,自信心得到增强,因而比其他学生更努力,进步得更快。

后来,人们就把这种积极期望产生的积极结果称为"皮格马利翁效应"或"罗森塔尔效应"。它表明每一个孩子都可能成为非凡的天才,一个孩子能不能成为天才,取决于家长和老师能不能像对待天才一样爱他、期望他、教育他。比如说打破世界纪录的运动员们,在开始比赛前,几乎都有一种预感,觉得自己的状态很好,能出好成绩,而且现场的热烈气氛对他们的情绪高涨也起了很重要的作用。通过这些激励和心理暗示，运动员的自信心得到增强，最大限度地发挥了自己的潜能。这种精神对物质的作用，成为一个人成就大小的重要决定因素之一。

为了进一步证实自己的想法，罗森塔尔还对大白鼠进行了实验，看看人们的期望对动物是否也产生作用。这一次，他选择了大学生进行实验。罗森塔尔告诉实验的大学生："现在有两种大白鼠，他们的品种是不一样的，一组十分聪明，另一组特别笨。我希望你们训练他们如何走迷宫，然后告诉我哪一组大白鼠更聪明。"事实上，这两组大白鼠根本没有什么差别，而大学生们都相信，实验结果肯定是不一样的。

在罗森塔尔的指导下，学生们让这两组大白鼠学习走迷宫，看看哪一组学得快。结果与大学生期望的一样，"聪明"的那一组大白鼠比"笨"的那一组学得快。

事实再一次证明了罗森塔尔效应的正确：人的期望会对孩子的成长产生巨大的影响，父母或老师以积极的态度期望孩子，孩子就可能朝着积极的方向改进；相反，如果对孩子存在着偏见，孩子就会缺乏自知和自控的能力。

比黄金珍贵的四个字

人在一种良好的期望中生活，经常听到的是期望的语言，就会变得非常自信，这时候心理、生理上会调整到一个最积极、最活跃的状态，真的能如自己所期望的那样达到一个个目标。因此，每位家长对孩子都要有一个好的期望，而且要通过言谈举止让孩子感到你的期望。

被胎盘包裹着生下来的婴儿，在当地人看来，是幸福之星的来临。弗洛伊德即是以这种方式出生的。于是，从他出生那天起，在周围人的眼里，弗洛伊德就是幸福之星的来临，人们都相信他是个聪明伶俐的孩子，对他的未来都抱有极大的期望。这种期望伴随弗洛伊德的一生，使他的自信心倍增，而他也自认为一定能成为大家眼中的人物，积极努力，终于成就大业，成为著名的心理

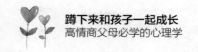
学家。

世界三大男高音之一的帕瓦罗蒂也是在家人的期望中取得成功的。帕瓦罗蒂还是个孩子的时候，祖母就常常把他抱在膝上对他说："你将会成为一个了不起的人物，你不久就会明白的。"父亲说他唱歌很有潜力。于是，在家人的支持和期望中，帕瓦罗蒂走上了舞台，并实现了祖母的期望。关于这点，成名后的帕瓦罗蒂曾说："如果我不听父亲和祖母的话，我就永远不会站在舞台上。不错，我的老师培养训练了我，但没有一位教师对我说我会成名。只有我的祖母，只有祖母那句话激励了我。"

爱因斯坦长到4岁多了还不会说话，人们都认为他是一个"傻子"。上小学了，爱因斯坦功课很差，表现得仍然很平庸，训导主任曾向爱因斯坦的父亲断言："你的儿子将一事无成。"

面对人们的讥笑和议论，尤其是面对训导主任给儿子下的结论，担任电机工程师的父亲并没有对孩子失去信心，他相信爱因斯坦一定能成才，并且期望他能做出伟大的事业。

为了培养起孩子的自信心，父亲为爱因斯坦买了积木，让他搭房子，搭好一层，便表扬和鼓励一次，结果，爱因斯坦情绪高涨地一直搭到了14层。

父亲还积极通过各种方式帮助爱因斯坦建立自信，消除爱因斯坦的消极情绪。而父亲的期望，也点燃了爱因斯坦心头的希望之火，让爱因斯坦振作起来，使他以一种不断进取的心态，努力奋进，最终成为举世瞩目的伟大的物理学家。

马尔科姆·戴尔科夫是美国著名的专业作家。他的成功也同样源于老师的期望。

上中学时，有一天，老师给学生布置作业，要求学生在读完了小说《捕杀一只模仿鸟》末尾一章之后，接下去续写一章。

事隔多年，戴尔科夫已记不清自己当时究竟写了什么，也记不起老师给他打了多少分。但他的确记得——并且永生不忘——在他的作业后面，老师批注了四个字"写得不错"！

这四个字，改变了戴尔科夫的一生。受到老师鼓励的戴尔科夫回家后立刻写了一则短篇小说——这是他一直梦想要做但又决不相信自己能做的事情。

在接下来的学校时光里，戴尔科夫写了许多短篇小说，并总是带给老师评阅。老师严肃而真诚，不断给他打气和鼓励。后来他被提名当上自己所在中学校报的编辑。由此越发自信，就这样开始了卓有成就的一生。

今天的戴尔科夫确信，如果不是因为老师在作业本上写下的那四个字，他不可能取得今天的一切。

孩子们的心理世界其实非常简单，他们在接受亲友、师长们爱的同时，也会产生给对方以爱的欲望。这种欲望通常表现在用努力学习来报答父母的爱。

有位学生各科学习成绩都很一般，唯有物理相当出色。原来他曾从同学那里听说物理老师对其他教师说他懂事、做事稳妥。为了保住自己在物理老师心目中的好印象，也为了报答物理老师对他的爱意，他从此在物理课上表现得积极主动，回到家后首先完成的是物理作业。

孩子的成长方向来自父母和老师的期望，你期望孩子成为一个什么样的人，他就可能成为一个什么样的人。

"好外婆"与"坏奶奶"

林肯曾说过：每个人都希望受到赞美，孩子说话、走路都是在父母的鼓励下才学会的。学说话时，没有不说错话的，学走路时，没有不摔跤的。没有一个父母因为孩子说错话、摔了跤，而不让他们学说话、学走路的。那么，我们父母为什么不能将这种鼓励和宽容持续下去呢？

心理学家威廉·詹姆斯曾说过：人性最深切的渴望就是获得他人的赞赏，这是人类有别于其他动物的地方。赞扬就是给孩子以积极的期望。做父母的应该而且必须赏识你的孩子，要把赏识当成孩子生命中的一种需要。有了赏识的心态，父母就会把孩子当作天才来看待。

苏比是个普通的6岁小男孩，他最近越来越不愿意去奶奶家，每次都拖延半天，不停地问妈妈："可不可以去外婆家代替？"

妈妈很是奇怪，她说服苏比，先去外婆家，然后再去奶奶家。

到了外婆家，外婆一开门就对苏比赞不绝口："苏比这么好的小孩子真是

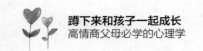

难得，小小年纪就懂礼貌，还知道吃东西的时候要分一份给外婆！"外婆总是这么夸他，于是，越夸越好，苏比在外婆家显得伶俐懂事，是一个名副其实的好孩子。

可到奶奶家却是另一番景象了。一进门奶奶就开始数落："像你这么调皮的孩子真是天下难找，要多捣蛋有多捣蛋，还整天搞恶作剧。"再看看苏比，帽子歪戴着，鼻涕也不擦，一副毫不在乎的样子。奶奶老是训斥他，越骂越糟，在奶奶家，他就是坏孩子。

欣赏引导成功，抱怨导致失败。这是每一个父母和老师都必须牢牢记住的。

对于孩子来说，由于年龄小，心理还很幼稚，他们心灵最强烈的需求，最本质的渴望就是得到别人的赏识。儿童的年龄越小，越需要外界的鼓励，特别是父母的鼓励。一个孩子如果在童年时代缺少赏识，会直接影响到他个性的发展，甚至导致他一生的个性缺陷。

在管理学理论上有一条"二八定律"，它包含的意思是：促使一个人进步，应该给他20%的压力和80%的动力。20%的压力来自批评和惩罚，80%的动力来自赞扬和奖励。通常情况下，赞扬和奖励比批评和惩罚更容易使人建立自信心，更容易调动人的积极性。

在我们的传统观念中，不少家长认为，只有不断指出孩子的缺点才是培养他们成材的最有效方式，没有必要对孩子进行赞扬，对孩子的爱是要放在心里的；还有些父母认为，由于非常熟悉，孩子对自己可以心领神会，觉得语言是多余的，当孩子做对某件事情时，家长会觉得理所当然，无须表扬和赞赏；也有的父母虚荣，总觉得自家的孩子比不过别人家的，因为没能为自己争光而数落孩子。

可是没有儿女不盼望得到父母的认可和欣赏的，中国台湾的著名作家三毛写过一篇散文《一生的战役》，说："我一生的悲哀，并不是要赚得全世界，而是要请你欣赏我。"这个"你"，是她的父亲。

有一天，父亲读了三毛一篇文章，给她留条："深为感动，深为有这样一枝小草而骄傲"。三毛看到后，"眼泪夺眶而出"。对于这件事，三毛写道："等你这一句话，等了一生一世，只等你——我的父亲，亲口说出来，肯定了我在这个家庭里一辈子消除不掉的自卑和心虚。"

像海鸥一样

有个孩子平时学习很努力，他每天都认真完成作业，但是考试时，同桌很轻易地就考了第一，而自己才考了全班二十一名。

回家后，他困惑地问他的母亲："妈妈，我是不是比别人笨？我觉得我和他一样听老师的话，一样认真地做作业，可是，为什么我总比他落后？"

妈妈明白，儿子的自尊心正在被学校的排名伤害着。但是她不知道该怎样回答孩子的问题。

又一次考试后，孩子考了第十七名，而他的同桌还是第一名。回家后，儿子又问了同样的问题。妈妈没有说，人的智力确实有三六九等，考第一的人，脑子就是比一般人的灵。因为她知道，这不是儿子想要的答案。

妈妈也不想说一些话来应付孩子，比如：你太贪玩了；你在学习上还不够勤奋；你和别人比起来还不够努力……因为她知道，像儿子这样脑袋不够聪明，在班上成绩不甚突出，却一直在默默努力的孩子，平时活得已经够辛苦的了。所以妈妈决心为儿子的问题找到一个完美的答案。

儿子的学业一直在继续，虽然他依然没赶上他的同桌，不过他一直刻苦努力，因此与过去相比，他的成绩一直在提高。为了鼓励儿子的进步，妈妈决定带他去看了一次大海。就是在这次旅行中，这位母亲知道了该怎么回答儿子多年来的问题。

母亲和儿子坐在沙滩上，海边停满了争食的鸟儿，当海浪打来的时候，小灰雀总是能迅速地起飞，它们拍打两三下翅膀就升入了天空；而海鸥总显得非常笨拙，它们从沙滩飞入天空总要很长时间，然而，真正能飞越大海横过大洋的还是它们。

同样，真正能够取得成就的人，不一定是天资聪颖的孩子；而一直努力不断的孩子，即使天资不好，也一定能获得成功。

现在这位做儿子的再也不担心自己的名次了，也再没有人追问他小学时成绩排第几名，因为他已经以全校第一名的成绩考入了清华大学。

父母不但对有天赋的孩子应抱着良好"期望"，就是对那些天赋不高甚至

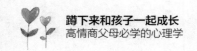
愚笨的孩子也不要丧失信心，也应给以良好的"期望"，要改变对孩子的不良印象，形成良好的印象，并通过自己的言行，传达给孩子，它会在很大程度上影响孩子的行为，孩子最终也会让父母满意。

作为家长，无论在什么情况下，都要对孩子寄予一种热烈的期望，并且使孩子感受到这种期望。这样，孩子就会确立一种良好的自我形象，并乐意为实现这种良好形象而做出艰苦努力，把自己潜在的天赋变为现实的才能。

因此，为了使你的孩子的潜能得到充分发挥，为了使你的孩子得到进步，父母请多给孩子一些赞赏吧！让孩子在你积极态度的指引下良性发展。

知音式鼓励

孩子的成长需要父母的鼓励，现实生活中，父母在鼓励孩子时，往往只是说"加油啊！""好好干"之类，具体如何去做，却只字不提。这对那些一直勤奋刻苦、努力的孩子来说，今后如何才能更上一层楼，却茫然不知所措。

如果能在鼓励孩子的时候提出具体问题，那么孩子听后就会清楚自己应该如何去做，当天就可以努力工作。

古时有一个常胜将军，打胜仗对他来说已成为家常便饭。当有人奉承他："你将作为战略家而载入史册。"他不以为然，一点也不感到高兴。有一次，有人夸奖他的胡须非常漂亮时，将军却高兴得喜笑颜开。

将军自己肯定没有注意到，可是在他的潜意识中，一定认为自己的胡子非常漂亮，因此当有人称赞他的胡子时，他才会高兴万分。

如果父母换个方法表扬孩子——抓住要点或者"投其所好"，比如："今天确实不错，我一直看着表，你今天学习了两个半小时。"这样的话，孩子听了会从心底感到高兴和激动，他们会觉得爸爸妈妈真是无微不至，连这些方面都注意到了。父母的关注会使他在明天学习更长的时间。

相反，抽象地对孩子进行夸奖，反而会使孩子对父母失去信赖。在孩子考了100分时，如果只是说上一句"考得不错"，那么孩子会认为这种表扬是理所当然的，丝毫不感到意外。如此一来，即使以后总得100分，孩子的上进心也会慢慢消失。

与责备相比，许多父母认为赞扬不需要技巧，实际上它同样具有艺术性。有位母亲说，当她责备孩子时能痛痛快快地说出来，而在表扬孩子时，虽然摆好了架势，却不知说什么好。

最简单来说，父母都喜欢夸奖自己孩子的画儿，这本身是件好事。但是，如果夸奖的方式太随便，反而会起到贬低的作用。例如，对孩子的画儿说"像毕加索一样，参加比赛也能获奖"，这种夸张的赞扬会使孩子扫兴。即使不是母亲，这种夸奖的说话就如同露骨的吹捧一样，潜在的意思是"你的画就那么回事"，让孩子无法接受。

正确的方式是可以评价这幅画中令人感动的地方，比如讲"这个天空的颜色很有意思"，或"这个脸画得很像爸爸"，恳切地进行适中的评价很重要。并且，不但对这幅画画得好的结果进行评价，而且还指出孩子的画与以前相比有什么样的进步，以及鼓励孩子的努力等方面，促使孩子产生更大的积极性。如夸奖说"你比以前画得更好了"或"这树的叶子画得很细致、很好"等等。

不论对什么事，表扬一定要真诚，如果让孩子感觉到表扬的虚伪，反而容易造成孩子心理上的伤害。只有进行极其细致、周到的评价，才能增加孩子对父母的信任，也更能增加评价的效果。

强化定律
好习惯在于不断强化

本能的一些东西，在没有得到强化后也会消失。父母如果在处理孩子的事情上奖惩分明，关注和鼓励孩子正确的行为，使之强化；批评孩子的坏习惯，使之消失，孩子好习惯的培养一定会变得更为容易。

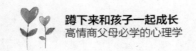
强化定律

在海洋里，鱼类也是有强大、弱小之分的，有的鱼类的食物就是那些弱小的鱼类，比如说鲸鱼和小鲤鱼。

科学家们曾做过这样一个有趣的实验：

他们特制了一个大水槽，把鲸鱼和它的食物都放了进去，很快，小鱼们被吃得精光，偌大的水槽里只剩鲸鱼在满足地游来游去。

接下来，科学家们把一块特殊材料做成的玻璃板放进了水槽，鲸鱼和小鱼们被分别放到了玻璃板的两边。看到食物就在眼前，鲸鱼凶狠地朝小鱼们游去，对它们来说，视觉上是区分不开有没有玻璃板的，于是，鲸鱼结结实实地撞到了板上。莫名其妙的鲸鱼继续朝食物游去，每次都撞得昏天暗地，直到它终于懂得眼前这些小鱼是吃不到的。

鲸鱼放弃了继续进攻自己的猎物，它的猎食行为因为没有得到强化而消失了。

实验还在继续，科学家们拿走了横在鲸鱼和小鱼之间的玻璃板。小鱼们看到鲸鱼就在眼前纷纷乱逃，鲸鱼们却视眼前的食物于无物，再也没动过心思，多次的碰壁使鲸鱼认为：这些小鱼是吃不到的。最后，强大的鲸鱼居然饿死在水槽里，鲸鱼的猎食本能因为没有得到强化而消失了。

这就是心理学上著名的强化/消失定律实验。它证明了人或动物的本能，如果没有得到强化，最后也会消失。强化/消失定律不仅仅是孩子和动物学习新行为的一种心理机制，也是成人通过肯定或否定的反馈信息来修正自己的行为的手段。

对于成长期的孩子来说，日常生活中的好习惯和坏习惯都同时存在，如何鼓励孩子保持好习惯，矫正不良习惯，一直是困扰父母的难题。如果适当运用强化/消失定律来做这项工作，事情就会变得容易很多。比如，父母如果在处理孩子的事情上奖惩分明，关注孩子正确的行为，使之强化；批评孩子的坏习惯，使之消失，孩子好习惯的培养一定会变得更为容易。

此外，孩子也会本能地使用强化/消失定律。有时候，他们会本能地通过强化某些行为或是消除另外一些行为来训练他们的父母，而不是他们的父母训练孩子。比较常见的例子是，当一位母亲教训她女儿时，年仅5岁的女儿会说：“妈妈不再爱我了。”

大部分的孩子都知道他们的父母渴望表达爱。因此，他们利用了这个微妙的问题来消除父母的惩罚行为。这样做的孩子通常能够取得成功。

当爸爸、妈妈带着孩子去到一些令人激动的地方时，比如迪士尼乐园，小孩子常常会表现出令父母非常满意的行为：他们很乖、很配合、也很好商量——这是一种不自觉的企图，其目的正在于强化或奖励父母的行为。在一些极端的例子中，我们会看到小孩子们居然能够熟练地操纵他们的父母，从而得到自己想要的东西或是令父母做出自己最希望的行为。

作为父母，一定要意识到自己的不当行为可能对强化具有反作用，确保自己在孩子的学习环境中处于控制地位。比如，孩子以“你不爱我”的理由企图逃避惩罚，你应该比孩子更清醒地认识到，你爱你的孩子，惩罚他并不意味着你不爱他。当孩子以“你不爱我”来顶嘴的时候，你可以告诉他：我在任何时候都爱你。但是我必须告诉你，你做的这件事让我觉得很失望。你做错了事情不要紧，只要能改。你要明白，不管你做多少错事，你都是爸爸妈妈的孩子，爸爸妈妈永远爱你。

不要用奖励“纵容”孩子的哭闹

掌握强化/消失定律的关键是奖惩分明。如果孩子做错了事情，而且事先有声明他要对自己的行为负责任，那么父母绝对不可以姑息迁就，否则，言行不一致的父母无法在孩子面前建立威信，孩子也无法养成好的习惯。

同时，如果孩子的行为值得表扬，父母绝对不要吝啬，也许只需要你说句

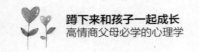

话而已，但对孩子来说，那将是他们继续前进的动力。

对好行为、好习惯进行奖赏，进行强化，对错误的行为、坏习惯进行惩罚，让它消失，这是强化定律的核心，因此只有赏罚分明，强化定律才能真正发挥作用。

威特夫人有一个聪明可爱的女儿，为了培养女儿良好的习惯，杜绝不良习惯对女儿的影响，威特夫人在女儿很小的时候就开始积极使用强化/消失定律来教育孩子。

威特夫人告诉女儿：有一个美丽、公正的仙女每天都会在全国各地的上空飞呀飞，看到表现不错或者做了好事的小孩，就会趁这个小孩晚上睡觉的时候，在他（她）枕头边放上好吃的点心；如果他（她）做了坏事或者有了坏的习惯，第二天早上起来就不会得到任何东西。

女儿在"仙女"的关注和鼓励下，努力在做一个好孩子，每天睡觉前都要把衣服折叠好，游戏结束后也把玩具收好，这样，第二天早上醒来，就会看到"仙女"送来的点心。但女儿也有做错事的时候。一天，女儿把玩具娃娃扔在草坪上，就赶着回家吃饭了。

结果，家里的小狗把娃娃咬破了，女儿哭着来找妈妈，但威特夫人说："娃娃破了是因为你把它扔在草坪上，如果我把你放到野外，被老虎和狮子吃掉的话，我会多么悲痛啊！唉，它真是太可怜了！"但是，决不说给女儿再买一个新的。

女儿渐渐长大，威特夫人谨记自己言行要保持一致，并且奖惩分明，力求为女儿做一个好的榜样，继续坚持用强化定律来培养女儿良好的生活习惯。

正确应用强化定律要求父母要奖惩分明，不随意使用自己的权利。有些时候，父母的奖励或惩罚行为会让孩子迷惑不解，这就完全失去了强化的作用。

今天罗伯特夫妇约了朋友见面，双方都说好不带小孩子好好玩一次。3岁的儿子杰克吵着要跟去，无论如何就是不肯跟保姆留在家里，为此，甚至不惜哭哭啼啼，在地上打滚，弄脏自己最喜欢的衣服。

想到儿子最喜欢吃奶糖，虽然为了防止他长蛀牙，奶糖都被刻意地藏了起来。但这次为了让儿子早点停止吵闹哭泣，罗伯特先生给杰克找出了一包奶糖，并许诺回来的时候给他买礼物。

事实上，罗伯特先生的举动无意中鼓励了小杰克以哭闹来达到目的，如果下一次小杰克想达到什么目的的话，他首先想到的方法肯定是哭闹。从强化/消失定律上来说，罗伯特先生的举动恰恰没能强化孩子的安静，却奖励了他的眼泪和哭闹。

正确的做法应该是：在小杰克还没有开始落泪时就给他以鼓励，鼓励他与父母合作，这样，作用就完全不同了。孩子会在潜意识里形成这样的概念：不哭泣，跟父母合作，就会有奖励。而不是哭泣就能解决问题。

常常听到家长这样教育孩子，"别哭了，宝贝，妈妈给你买好吃的！""别乱泼水，要是你听话，我给你买巧克力"……也许当时很有效，孩子马上不哭不闹了。但是，事实上，这是父母在用"奖励"的方式来换取孩子停止不良的行为。短暂的安宁之后，孩子可能会形成不良行为可以换来"奖励"的观点，到那时就为时已晚了。

奖励和惩罚是对孩子行为的外部强化或弱化的手段，它通过影响孩子的自身评价，对孩子的心理产生重大影响。在奖励时，要抓住时机，掌握分寸，不断开化；在惩罚时，用语要得体、适度、就事论事，使孩子明白为什么受罚和怎样改过。

认可要及时，表扬要具体

父母关注、奖赏孩子的恰当行为是增加孩子正性行为、减少负性行为的有效手段。这比只关注孩子的错误行为要好得多，并会增加孩子的竞争意识、自信和自尊，激发孩子积极向上的愿望。关注孩子的正性行为并加以强化，你会发现，孩子正在朝着你希望的方向发展。

布朗妈妈最近因为儿子的坏毛病头疼得厉害。不知道从什么时候开始，布朗经常忘记把牙刷放到漱口杯里，每次刷完牙，他总是顺手就丢在洗漱池边，既不卫生也不整齐。而且，最令妈妈气愤的是，每次当她指出布朗的错误时，儿子总是一副满不在乎的表情，一边继续想自己的问题，一边心不在焉地回

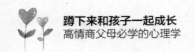
答："知道了。"

第二天，布朗刷完牙后，照例正要顺手把牙刷往旁边搁，突然想起妈妈说的话，于是他认真地把牙刷放到杯子里去，并且还特意摆了摆位置。

不巧的是，妈妈根本没注意到今天这个小小的细节，她把儿子做对摆牙刷的事看作一件很正常的事情。妈妈的表现令布朗很没有成就感。

第二天，牙刷又被扔到杯子外面。

"布朗，你的坏习惯怎么老是改不了。看，又把牙刷放在外面了。我不是对你说过牙刷用后要放到杯子里吗？"妈妈生气地说道。

"我以为你忘记了。"布朗说道。

"怎么这么说呢？"母亲疑惑地望着儿子。

"因为昨天我把牙刷放在杯子里了，而你却什么也没有说！"

父母应该懂得去发现孩子的正确行为，而且予以重视和嘉奖，不要在孩子表现良好时漠然处之。表扬孩子的正性行为比责备他们的负性行为更有效。父母需要知道，孩子的每一个好的行动都应受到鼓励，哪怕他做得不到位。

在一家州立医院，青少年病房是有等级之分的。一级最低，往上依次是二级、三级、四级。等级越高，享有的特权就越多，例如第三等级的患者有更多的自由，他们可以回家过周末、有较多的自由活动时间、可以在患者商店干活。

这家医院的患者基本都是十几岁的少年，当他们刚进入病房时，通常被编入一级，如果他们遵守病房的规定，就会升入二级、三级，当他们升入四级以后，他们就可以出院了。

但新上任的院长发现，很长的一段时间里，大多数患者都在一、二等级，只有少数几个孩子在三、四等级。他一直想不明白这究竟是怎么一回事，直到他连续参加了几次每周的例会。

新院长发现，这么长时间以来，每周例行的大会上，医务人员总是花费大量的时间根据图表来指出孩子们的不当行为。而那些遵守规定、行为得当的孩子则只简单地得到一句"保持你的好成绩"便打发了事。他决心改变这种状况。

又是新的一周开始了，新院长拟订了新的会议议题——讨论前一天每一个人的进步。这些十几岁的孩子都被集中在一个房间里，院长用相当长的时间来表扬那些遵守纪律、与医务人员合作的好的行为。

事情开始朝着院长希望的方向发展，不到两周，孩子们就发生了惊人的进步，60％的孩子都升到了三、四级。而实际上医务人员改变的仅仅是注意的重点，也就是从关注负性行为转为关注正性行为。事实证明，表扬正性行为的确是有效的。

当孩子意识到自己存在的问题，下决心改正时，父母一定要表示赞赏，给予鼓励，进行强化。不要用怀疑的态度来对待孩子的承诺，更不要讽刺挖苦；对孩子改正错误也绝不要失去信心。当孩子有了改正错误的意愿时，家长除了赞赏和鼓励外，还需要多一份耐心和宽容。如果得不到家长的赞赏和支持，孩子会感到十分失望，很可能放弃改正错误的行动，导致积极行为的消失。

每一个进步都值得表扬，哪怕进步很小

孩子的每一个进步都应该得到父母的赞扬，这是对孩子的积极行为进行强化的最好方式。父母如果能够做到这一点，孩子就会加倍努力，取得的进步一定会积少成多，实现从量的变化到质的飞跃。

很多家长都存在这样的问题，他们对孩子的期望比较高，总希望孩子能有"突变"，产生"飞跃"。因而对孩子一些细小的进步不是很注意，反应比较冷淡。但是，质变是由量变引起的，平时大量的细微进步，积累起来才可能有大的变化。因此，对于父母来说，要想让自己的孩子获得"飞跃"，就不应该对孩子的点滴进步进行强化。

艾柯的化学成绩一直是所有功课中最差的，他最怕的功课也是化学。作为班里的尖子生，化学成绩的落后使得艾柯的总成绩排名很受影响。这天，艾柯下定决心，丢开喜欢的功课，全面总攻化学，努力将化学弄成最棒的一门。

转眼又到阶段性考试了，因为有了相当时间的突击备考，艾柯很沉着地走进了化学考试的考场。

成绩出来，虽然化学成绩没有突飞猛进，经过一段时间的努力，但是相比较于以前，艾柯还是取得了一些成效。艾柯兴奋地把成果告诉了父亲，而父亲

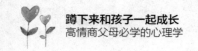
却满不在乎地说："有什么得意的，还差得远呢。"

顿时，艾柯像一个泄了气的皮球，站在那儿一动也不动。爸爸的否认，使他觉得所有的努力都白费了。从此，艾柯对于化学课的自信心完全丧失，他甚至开始怕上化学课。

也许那句"差得远"只是艾柯爸爸一句毫不在意的语言，或者他只是为了不让儿子骄傲，但事实上，这轻描淡写的一句话给孩子幼小的心灵造成了永远的自卑与恐慌，如果把它换成小小的鼓励，也许就能给孩子足够的信心和勇气，让他去迎接更大的挑战。

心理专家建议，在某些时候，父母应忽视孩子的负性行为，将自己的预期目标分成小步骤，一步一个脚印地做，这样事情就能相对容易很多。也就是说，如果一个孩子有不良的生活习惯或行为，父母不应该对此抓住不放，而应该找到孩子偶尔没有此不良行为的时候对孩子予以表扬。

12岁的凯文有个令人讨厌的坏习惯，他每天放学一回到家，就把他的书包、鞋、外衣扔到起居室的地板上。虽然偶尔凯文也会按妈妈的要求把东西都摆放好，但大多数时间都是随地乱扔。对此，妈妈试过很多方法来矫正他这个毛病，但无论是提醒他，责备他，惩罚他，都无济于事，凯文的东西仍旧堆在地板上。

在上述方法都不见效果的情况下，凯文妈妈决定试试通过强化儿子的正确行为来使他改正毛病。

这天，凯文妈妈终于看到了凯文经过起居室而没有扔东西，她立即走上前去，轻轻地拥抱了一下凯文，并感谢他的体贴、懂事。凯文刚开始很吃惊，但很快他的脸上就充满了自豪。因为他将自己的东西带入自己的房间而受到了肯定和表扬，于是在这之后，他就尽力去这样做，而他的母亲也记着每次都对他表示感谢。

如果父母觉得孩子的进步太小，不愿意表达，会使孩子觉得家长对自己的进步漠不关心，认为自己的努力白费了。时间一长，就会失去进步的动力，原来可以改变一生的进步也会因为得不到强化而消失。因此，无论孩子付出了多少努力，取得了多大的进步，父母都要及时地加以肯定，让孩子感受到来自父母的赞赏。

孩子能不能惩罚？

"没有惩罚就没有教育"，必要的惩罚是控制孩子行为的有效信号。不好的习惯需要通过惩罚来消除，威特夫人正是这么做的。

这天，威特夫人和女儿约好晚上一起去看电影。下午的时候，女儿同学打电话过来约女儿一起上街，威特夫人答应了，她告诉女儿必须在晚上6点之前回来。女儿痛快地答应了。可是，女儿迟到了十分钟才到家。

威特夫人并没有说什么，只是让女儿看了一下手表。女儿知道自己不对，低着头向妈妈道歉："我错了。"

吃完饭，女儿就赶紧换衣服。这时妈妈让女儿再看看表，说："今天看不成电影了，因为时间来不及了。"女儿哭了，闹着让妈妈带她去，但妈妈并没有被她打动，只是说了一句"这真遗憾"。

让女儿尝到不守信用的后果，用惩罚的方式纠正女儿不守时的毛病，效果显而易见。威特夫人不仅注重用奖惩分明的手段纠正孩子的不良习惯，同时也积极向孩子灌输进取勇敢和善于忍耐的精神。

让孩子停止哭闹真的很简单

要让孩子心平气和地生活，改掉喜怒无常的坏情绪，最有效的办法是采取置之不理的方法，进行"冷处理"，让其自动消失。

凯伦夫妇最近被儿子的坏脾气折磨得头疼死了。儿子安仅仅6岁，却脾气暴躁得厉害，稍不如意就大发雷霆，大喊大叫。即使是跟他讲道理，他也听不进去，如果父母不按照他说的去做的话，他就一直吵闹、哭喊、在地上打滚，手里有什么东西都会顺手扔出去。

为此，凯伦夫妇想尽了办法，他们打他，苦口婆心地教诲，罚他站墙角，赶他早点上床，责骂他，呵斥他，给他讲道理……这些都不管用，一有事情安

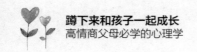
还是会大发雷霆，暴躁脾气依然如故。

一天，大晚上一家人正在看电视，安突然想起要吃冰淇淋。已经很晚了，商店都关了门，爸爸妈妈试图跟他解释，劝说他明天再吃。然而，安的脾气又上来了，他倒在地上大声叫喊，用头撞地，用手到处乱抓，用脚踹所有够得着的东西……

爸爸妈妈被气得不知道该说什么，他们努力克制自己的火气，暂时没有任何语言和动作。

安已经叫喊半天了，他奇怪地发现，居然没有人理他。于是，他又重新按他刚才的"表演"闹了一番。这次爸爸妈妈决定怎么做了，他们坐下来，静静看着儿子，没有任何语言和动作。

安不服气地又开始了第三次"表演"，然而爸爸妈妈还是没有任何表示。最后，安大概也觉得自己趴在地上哭叫实在太傻了。他自己爬了起来，哭累了回房间睡觉去了。

从此，安再也没朝别人乱发脾气，安的乱发脾气因为没有得到强化而自然消失了。

有些孩子的自尊心太强，性格倔强，不容易妥协、桀骜不驯、不肯认错，特别是有了一些自己的思考，有了自己的想法和爱好后，更是难以接受父母的意见，一意孤行；有些孩子喜怒无常，情绪极不稳定，不能长久地保持良好的情绪，变化快；有些孩子情绪两极性表现突出，高兴时欣喜若狂，愤怒时怒发冲冠，激动时行为激烈，伤心时悲痛欲；有些孩子情绪刻板，缺乏弹性，不能根据一定的事件、环境和对象表现出相应的情绪。

这些孩子之所以如此，是因为想吸引大人的注意，他们的坏习惯也是以前成人对孩子过度关注造成的，比如孩子伤心时赶紧安抚，哭叫时立即迁就，激动时马上观看。在这种情况下，父母最好的教育方式是减少对孩子不良行为的过分关注，视而不见，听而不闻，平时怎么对待他还怎么办，或者用其他方法转移他的注意力。把你要他改正或要做的事交代完后，静观其变，耐心地等着。孩子见父母没有改变主意的意思，最后就会照着做了，脾气暴躁的孩子的情绪也会因为父母采取冷处理而逐渐平稳下来。

做好了，不给钱

如果你用金钱来鼓励和强化孩子的习惯，那么一旦现有的金钱不能满足孩子的需求时，孩子的正确行为会因为没有金钱的存在而自动消失，这是所有的父母都不愿意看到的。

有位老人看上了乡村幽静淡然的环境，特意从喧嚣的城市搬到一个小乡村里休养。住进新房的第二天，老人就发现：这里有一个很不利于休养的因素——在他的住处附近有一群十分顽皮的孩子，他们天天互相追逐打闹。喧哗的吵闹声使老人无法静心休息，老人试图用长辈的身份要求他们禁止吵闹，但是无论是跟他们讲道理，还是严肃地责骂他们，打闹声都屡禁不止。

后来老人想到一个好办法，他把孩子们都叫到一起，告诉他们：他将根据孩子们吵闹的情况给予不同的奖励。谁叫的声音越大，谁得到的奖励就越多。

孩子们很是开心，叫的声音大就能拿到奖励让他们一个个兴奋不已。很快，吵闹声响了起来，比以前的任何时候都要大。老人耐心地等着，等到所有的孩子都喊得筋疲力尽了，他拿出家里存着的好吃的糖果，给了那个叫的声音最大的孩子。

一连几天，孩子们已经习惯于通过叫喊声获取奖励，这时候，老人宣布不再给叫声大的孩子任何奖励，无论孩子们怎么吵闹，他都坚决不给。

结果，孩子们认为"不给钱了谁还给你叫"，觉得受到了不公正待遇，就再也不到老人所住的房子附近大声吵闹了。

故事中的孩子，因为把他们的喊叫吵闹跟金钱奖励联系在一起，他们会很自然地认为吵闹是他们获得奖励的原因，因此，当老人拒绝再给他们奖励的时候，他们很自然地就觉得应该放弃吵闹。

日常生活中，我们常常会听到这样的话，"给爸爸捶捶肩，给你报酬"，"去给爸爸买盒烟，零钱就归你了"，这种做法是极其错误的。

亲子关系不是商业交易，这种教育孩子用金钱换取亲子间互助与关怀的方法，最终会导致孩子们想要零花钱时就要求"爸爸，我给你捶捶肩吧"的这种强卖行为，尤其对于家务，切忌用金钱承包的做法。

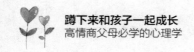
此外，有些父母还喜欢用金钱来奖励孩子的努力学习，它使孩子渐渐忘记了学习真正的乐趣，使孩子们认为为全家挣钱的父亲很伟大，而鄙视每日忙于家务的母亲。

奖励孩子的原则应是精神奖励重于物质奖励，否则易造成"为钱而怎么做""为父母而怎么做"的心态。公司老板如果希望自己的职员努力工作，就不要给予职员太多的物质奖励，而要让职员认为他自己勤奋、上进，喜欢这份工作，喜欢这家公司；父母如果希望孩子努力学习，建立良好品质，也不能用金钱去奖励孩子的好成绩，而要让孩子觉得自己喜欢学习，学习是有趣的事。

如果孩子犯了错误，也不应该用金钱来衡量错误的损失，要教会孩子从人文的角度看问题。比如孩子把壁龛里的花瓶打碎了，不应斥责他："你都做了些什么？你知道它得值多少钱呀。"而应带着惋惜的口吻说："这可是爷爷最喜欢的花瓶呀。"已经打碎了，也没有办法，只要提醒他以后注意就是了。

狼性法则
培养孩子的好奇心

先是好奇，之后就有了观察的兴趣，这是小狼经常使用的学习方式。好奇心是与注意力有关的一种重要心理现象，有了好奇心才有继续观察、从中学习的可能。即使是在忙碌的狩猎期间，狼族仍旧表现出对环境的高度好奇心。

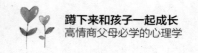
狼性法则

狼是世界上好奇心最强的动物之一，它们不会将任何事物视作理所当然，而倾向于亲身体验和研究。对于它们来说，无论是一根驯鹿的骨头、一只鹿角，一块野牛皮、一颗小松果，还是露营者遗留的登山背包，抑或是背包里面所包含的各种物品……大自然里每一种了无生机的物品，都有可能成为它们的玩具，每一种事物在它们的眼里，都蕴含着无穷无尽的可能——神秘、新奇的发现，或意外惊喜，这些都令它们感到惊异与神奇。

先是好奇，之后就有了观察的兴趣，这是小狼经常使用的学习方式。好奇心是与注意力有关的一种重要的心理现象，有了好奇心才有继续观察、从中学习的可能。即使是在忙碌的狩猎期间，狼仍旧表现出对环境的高度好奇心。

一位长年在阿拉斯加进行研究工作的人，曾经以自己的亲身经历讲述了一个关于狼族好奇的故事：

有一次，我在寒冷的原野外，奔波于不同的观测站，进行资料搜集的工作。当我从雪车上下来，准备开始搜集资料时，一阵强烈的被"跟踪"的感觉突然涌上心头。当我缓缓地转过身之后，恐惧感从头顶直窜脚底，吓得浑身发颤，直冒冷汗。

在身后的一小片树林中，我发现有五六只野狼正在凝视着自己。我依然记得，当银灰色的狼群融入纷飞的白雪之中时，那情景美丽得令人震惊、令人畏惧。它们寸步不移，而我，则是动弹不得。最后，当我缓慢地跨上雪车驶离现场，回头张望狼群时，发现它们仍旧站立原处，凝视着自己的离去。

过了一段时间，飞驰过好几千米的路途之后，我停在另一个观测站前，开始进行该处的资料搜集工作。就在此时，我又一次感受到了同样的感觉——震惊得动弹不得。当我转过头往后看时，清楚地看到它们如同一群灰色的"鬼魂"，正以凝望的眼神勾引着自己的心神。

当天，同样的情景不断地重复出现，直到我结束工作，返回基地帐篷为止。其实，我已经习惯了这种情形，也能预期狼群可能跟随自己而移动。不过，直到后来，我才知道狼群很清楚：野外的世界是它们的世界，而帐篷内的世界，则是我的世界。

在那一整天里，狼群的表现充分显露出它们对我，以及我的"雪车"的好奇心。它们并没有进行任何威胁性或攻击性的行为。只有当我滞留某处工作时，它们才会远远地眺望着我，而我从来不知道它们究竟是如何从一处移动到另一处的。

由于好奇，狼群之间经常进行各种嬉戏，这与人类小孩之间的嬉戏并没有什么差别。它们有时扭打，有时躲藏在树木或岩石后面设陷阱偷袭彼此，有时玩"躲猫猫"，以各式各样的方法追逐友伴等。狼族从这种赢得竞赛的过程中，学习到了"自信"，同时，也提高了寻找食物的技能。

人类也是如此。在人类社会里，对任何事物都保持一种强烈的好奇心的人，兴趣往往十分广泛，创造力也特别强。这种人对大家觉得平常的问题，依然保持着强烈的好奇心和旺盛的求知欲，驱使着他不断学习、积极进取。后来，人们就把这种好奇心巧妙地称为"狼性法则"，以表示人类向狼族学习的决心。

每个人在成长的过程中看到自己不了解的事物都想探个究竟，小的时候更是这样，孩子会对自己所看到的一切感到惊奇，常常会向父母问这问那，久而久之即使最有耐心的父母也会感到麻烦、费劲，其实他们往往忽视重要的一点，好奇心是促使孩子学习、成长的良机。

著名科学家贝弗里奇曾说："科学家的好奇心通常表现为探索对他所注意到的，但尚无令人满意解释的事物或其相互关系的认识。他们通常有一种愿望，要去寻找其间并无明显联系的大量资料背后的原理。这种强烈愿望可被视为成人型的或升华了的好奇心，所以好奇心是长久以来构成智慧的一项重要特征。"

假如你想让孩子的智慧之花早日绽开；让你的孩子有创新的灵感和激情。那么，就让他仔细观察生活吧！一个不热爱生活、对周围的一切都漠然视之的

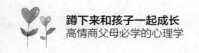

人是不会拥有一颗好奇之心的。如果你想让孩子在未来的人生舞台上做一颗明亮的星，就从现在开始迈出你辅助他成才的第一步——记住"狼性法则"，强化他们的好奇心吧！

激发孩子创造力的最大技巧

兴趣是最好的导师，幼年阶段对周围事物产生好奇、发生浓厚的兴趣，可能是终生成就的源泉。兴趣是儿童对某种事物探索的欲望，只要有了好奇心，有了探索欲望，孩子就会从内心的深处去研究喜欢的事物，才会不知疲惫、乐此不疲。

14岁的富尔顿时常和同伴划竹篙小船到河里去钓鱼。当时还没有汽船，当河水流得很急，船在逆水行进的时候，只靠一根竹篙撑动的小船行动起来又缓慢又费劲，一次一次的劳累使爱用脑子的富尔顿开始思索：能不能制造一样东西来帮人划船？这样既省了力气，又可以节省时间。

这个想法一直盘旋在富尔顿的脑海里，他煞费苦心地捕捉创造的灵感，决心把这个既像是玩具又像是机器的东西设计出来。但光是想象是没有用的，富尔顿一头钻进舅舅家的工棚中，利用那里齐全的工具和材料，开始将自己的想法付诸实践。

一鼓作气地忙了7天，富尔顿带回家一件新奇的玩意。

所有的人都很好奇，他们不明白这个东西是做什么用的。富尔顿笑笑，把伙伴们带到那条湍急的小河，他把那件东西装在小船上，先用手摇动几下，接着就听到"突突突"的声音响起来了，人们在船上也感觉到船的抖动，船尾有一股被搅动的浪花翻滚着。船开始自己行驶起来，而不要再用人来撑竹篙，不需要用人划船了，船却走得比往日快很多！伙伴们围着富尔顿欢呼起来。

那一件使大家惊奇得喊不出名字的东西，就是现在汽船上的轮子！后来，富尔顿不断地设计创新，不断地摸索改进。终于成为有史以来第一个创造轮船的人。富尔顿幼年时的兴趣启发他创立了自己的事业，并为之奋斗终生。

生活需要好奇心，需要兴趣所激发的创造火花。如果你的孩子在全市音乐比赛中一举夺冠，或者在校园编程大赛中荣获第一名，那么他绝对有实力成为歌唱家或电脑奇才；如果你的孩子爱玩电脑，你可以追求成为下一个比尔·盖茨；如果你的孩子喜欢游泳，他可以立志成为游泳运动员；如果你的孩子看重金钱，他可以学习企业管理，成为一个犹太商人一样精明的企业家。在制定人生大目标的时候，让孩子知道自己的兴趣所在，扬长避短，肯定能顺利走向成功。

科普作家法布尔原本是个教师，在法布尔看来，种族众多的昆虫王国，是比人类社会还要有趣的世界，而在当时，这个神奇的领域几乎无人认真地探索过它的奥秘，法布尔决心做第一个研究者！

于是，在课余时间的校园一角，经常可以看见法布尔趴在草地上，以一个观察员的身份开心地观看黄蚂蚁与黑蚂蚁打仗，看双方阵容的变化，在观察中发现蚂蚁是用接吻来传递信息的，它们带着互相厮斗的勇猛劲头，顽强拼杀直到援兵大队的匆匆赶来……这真是趣味无穷！

长期的业余研究使法布尔积累了大量丰富的观察记录和心得体会，这不仅有效地促进了他所教授的生物课，博得了师生的一致好评和钦佩，而且使他写成了闻名全球的《昆虫记》。

18岁的铁路职工米丘林对园林非常感兴趣。作为一名普通职工，微薄的收入使他无法用心经营自己感兴趣的事情，为了能够拥有一块种植果树的园地，米丘林节衣缩食，日积月攒，好不容易租种了一块贫瘠的荒土。

开心的米丘林在自己的土地上种上了各种各样的果树作为科研的基地。他顶着寒风翻地，辛苦劳作，终于培育出许多色美味香、果肉丰满的新品种，创立了自己的园艺学体系。兴趣的力量使他成为苏联和全世界著名的园艺人才，最终成为苏联有名的生物学家。

别急着告诉答案

科学并不是只有像爱因斯坦那样绝顶聪明的人才能掌握，也不需要大堆的

科学术语和昂贵的科学设备，培养孩子的好奇心并且积极和他们一起探索就行了。

安娜是一名普通的七年级学生，一次，全班人一起到普林斯顿大学参观。在喷水池边，安娜看到一个男人站在那儿，聚精会神地盯着水珠落下，头一会儿偏向左边，一会儿偏向右边。好奇的安娜走近他，发现他在自己面前不停地晃动着右手手指。

察觉到背后有人，观测者转身问道："小姑娘，从一大片瀑布中看出一个个水点来，你做得到吗？"然后，他开始继续摇晃他的手指。

安娜被感染了。她学着他的样子，在喷出的水流前伸出自己的手指晃动，顿时，水流仿佛凝固成千万个微滴。他们开心地在那里看着，交流并改进着自己的观测技巧。最后，先前的观测者要走了，他望着安娜的眼睛叮嘱："孩子，别忘了，科学就是像这样子去探索、去寻找乐趣！"

这位喷水池边的观测者不是别人，正是大名鼎鼎的阿尔伯特·爱因斯坦。他通过这个事例告诉孩子：科学就是探索，探索使人快乐。

孩子们就像天生的科学家，本能的好奇心促使他们渴望探索周围的世界，只要对他们进行积极的引导，就一定能帮助其进入神秘的科学世界。

一位科学家到某农村小学二年级的一个班，与学生座谈"以科学为职业"这个题目。可爱的孩子们不停地问道：

"您看见过蚱蜢吃东西吗？可是，我学它们的样子吃草叶，却把肚子吃疼了。这是为什么？"

"眼泪是什么做的？"

"小蜘蛛是从哪找丝结网的？"

"我是不是像个装血的口袋？不然，为什么不管什么时候弄破皮，都会有血流出来？"

科学家认真倾听孩子们千奇百怪的问题，他微笑着鼓励着他们，虽然对于孩子们的问题他并不是全部都知道，都能回答上来，但是他仍微笑着说：

"不知道。不过，也许我们可以找出来。"

然后他开始和孩子们一起探索、讨论他们的问题。

　　鼓励孩子们去探索有时候更甚于直接告诉孩子答案。即使你知道孩子所提问题的答案，也要抑制回答的欲望——须知，那样做只会丧失讨论机会。强化刻板的教育将会带给孩子错误的概念：科学不过是储存在成人头脑中的一大堆事实；科学意味着各种烦琐深奥的解释。世界上充满了正确答案和错误答案。但科学是需要探索的，它并不仅仅是列举事实，而且还解释背后的意义。

　　进行探索而不是直接给出答案，最重要的一点就是父母要留给孩子们时间思考，耐心地等候他们经过思考后的回答。成年人一个大毛病就是盼望孩子一问即答。研究显示：成年人等候的耐心通常不超过一秒钟——这样短的时间孩子根本来不及思考。

　　而当你给孩子超过三秒的"等待时间"时，孩子们的回答往往更符合逻辑、更完整和带有创造性，孩子思考的能力也将更为完善。

　　在帮助爸爸洗刷盥洗室的时候，玛格丽特发现盥洗室里用的橡皮活塞挤压地面时，会和地面粘住，用尽全力才能把它们拉开。

　　玛格丽特很困惑地对爸爸说："爸爸，我要用好大的力气才能把它们拉开。"

　　爸爸问："为什么你用这么大的力气才能把它们拉开呢？"

　　玛格丽特稍微想了一下说："因为里面的空气被封紧了。直到我拉出一条缝，才全部跑出来，于是就听见'啪'的一声响……"

　　爸爸没有发表评论，他耐心地看着小玛格丽特。

　　玛格丽特说："嗯，也许不是这样的，让我再想想。"

　　过了一会，她开心地说："爸爸，我知道了。是因为所有的空气都被挤出了活塞，里面的空气压力比外面的大气压力小。"

　　一旦你把孩子引入对科学问题的讨论，不要急于表态"说得对"或"很好"，这些夸奖话对鼓励良好行为很有效果，但对促进科学交谈有弊无利。

　　同时，你也不要催促孩子"想"——这样说毫无意义，因为孩子本来就在想，即使你不告诉他们。更糟的是：这可能把交谈变成一种"表现"：他会揣测你希望的答案，并用尽量少的话说出来，以免猜错时受的责备太重。而且，做出的反应如果以问号结尾，如"是这样吗？"并不意味着他想继续讨论这个题目，而只是想以此证实答案的正确性。

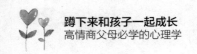
惩罚你，跟爸爸一起把玩具恢复原状

所有的父母都希望自己的孩子能够成才，为了给孩子努力的方向，他们不惜花钱让孩子上各种各样的培训班，向孩子讲述成功人士的成长经历，希望借此找到孩子的成才之路。但他们或许不知道，可能仅仅是对孩子兴趣和好奇心的一点点不耐烦或批评，就可能断送孩子一生的命运。

一位母亲带着自己5岁的孩子去拜访一位著名的化学家，想了解这位大人物是如何踏上成才之路的。化学家没有跟他们讲述自己的奋斗经历和成才经验，他把他们带到了实验室。

第一次到实验室的孩子很兴奋，他好奇地看着到处都有的林林总总的瓶子和装在里边的五颜六色的溶液，看看化学家，看看母亲，过了一会儿终于试探性地将手伸向盛有黄色溶液的瓶子。这时，他的背后传来了一声急切的断喝，母亲快步走到孩子旁边，孩子吓得赶忙缩回了手。

化学家哈哈笑了起来，对孩子的母亲说："我已经回答你的问题了。"

母亲疑惑地望了望化学家。化学家漫不经心地将自己的手放入溶液里，笑着说："其实这不过是一杯染过色的水而已。你的一声呵斥出自本能，但也呵斥走了一个天才。"

许多父母都容易犯下这个错误，他们总以经验来约束孩子的好奇心，于是孩子们也就习惯于接受现状而不敢探索创造，踏上的只是和父母同样的道路。

托马斯今年5岁，他聪明伶俐，对任何事物都有强烈的好奇心。

有一天，爸爸妈妈在厨房做饭，托马斯独自在客厅里玩耍。百无聊赖的他对一个精致的玩具汽车产生了兴趣，想拆开来看个究竟。可是，拆开以后，就再也装不上去了。

当母亲看到被"肢解"的新玩具时，便十分生气地对托马斯说："你怎么这么顽皮。这可是爸爸送给你的生日礼物，刚买没几天，你就把它拆了，看爸爸怎么收拾你。"

托马斯惴惴不安地等待着爸爸的惩罚。可出乎意料的是，爸爸不但没有生气，反而笑着对他说："托马斯，爸爸跟你一起把玩具装好，行吗？"

就这样，爸爸和托马斯开始一起来摆弄这些玩具。在拆装这些玩具的过程中，爸爸不断地给托马斯讲解玩具的构造，鼓励他自己完成组装小汽车的任务。经过几个小时的努力，父子俩终于成功地将玩具恢复了原状。托马斯也从中学到了很多机械知识。

能拆开玩具，说明孩子有求知的欲望，能自己去看待问题、研究问题。当父母的不能一味地批评，更不要扼杀孩子的好奇心，否则的话，就扼杀了将来的人才，因为生存的技巧就在于你敢不敢去探索知识，去探索未来。

阅读需要诱惑

好奇心不是凭空产生的，它是可以培养的，如果学习的内容就像一壶白开水，没有一点悬念，没有人会对此产生兴趣，真正的趣味学习在于制造悬念，由浅入深。

红墙环绕、绿树成荫的印度加娜庙最近香火旺盛，游人如织，一派繁荣景象。出现这种情况的原因是庙里提供了新的特色服务——供游客窥探用的加了锁的房间，以及加娜庙新来的说话从来都只说半句的和尚。

加娜庙的大门里面放的是一道影壁，它挡住了人们的视线。在庙里，和尚们还有意锁了几间房，供人们窥探之用。房里放了屏障，窥探起来就很费劲，很不方便了。但人们却要看，一定要伸着头去看，千方百计，努力去看。一张老床，一只老柜，一双旧鞋，再向里看，能看到一个小泥菩萨……总之，人们乐此不疲。

看不清的加娜庙因此被来访者赋予许多神秘的想象，编出许多的故事，越来越多的人慕名而来，想要一睹它的风貌。

而庙里倍受欢迎的和尚，也只是从远方来的一个知识一般的和尚，他说话只说半句，纯粹是因为口齿不清，说话能短则短，从来都是说半句，因而从来没把什么事情说完整过。但就是因为这，前来讨教的人推崇的不得了，纷纷传言说这和尚灵，深不可测，这就像是加娜庙，不完整最好。

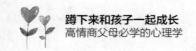

人们对加娜庙和这位和尚都保持着极大的兴趣，供为神灵，前来烧香磕头的人与日俱增。这并非是因为加娜庙的香火灵验，更不是因为这位和尚有什么法术，而是因为人们自己总将自己锁在一种窥探的角度和好奇的猜疑中，这种角度和心理束缚了人们的视野，也激起了人们的兴趣。

但是历史上曾有一段时间加娜庙因游人稀少，被迫关闭。当时的加娜庙地方不大，庙门却很是宽敞，行人从庙前走过，庙里的景致一览无余，因此，真正购票进庙的人越来越少，加娜庙被迫关闭。

关闭后的加娜庙反而激起了大家的兴趣，游人开始在门前停留，扒着门缝儿向里窥探。从细细的门缝儿向里窥探，能看到的景象只是一角砖地，一块红墙，一棵老树，剩下的东西全被遮住了。确切地说，根本看不见什么。但越是看不见，人们越努力去看，一个个地扒着门缝儿要看好长的时间。甚至连工作人员也被感染了，也扒着门缝儿向里看，是不是发生了什么事。其实什么也没有，一切如同往日。

当地的和尚很好奇，偷偷数了数每天扒着门缝儿向里面窥探的人数，这一数大家都吓了一跳，窥探的人竟比往日大敞大开着庙门时多了几十倍。一个接着一个。

受此启发，重新开放的加娜庙有了很大的变化，和尚们开始刻意为加娜庙制造悬念。人们不知道里边是什么，购票踊跃。于是就有了开头那种繁荣的景象。

世上好多事，就像这加娜庙的庙门，是不能大敞大开着的，得永远保持一种让人窥探的方式，勾起人们的好奇心，才会被认为有意思，有奔头。眼前的事物才会变得其乐无穷。

教育孩子也跑不出这个圈子。有一对父母，他们不是把孩子看的书放在书桌上，而是把这些书籍藏起来，可爱的孩子觉得父母既然把它藏起来，肯定是一本不同寻常的书，便"偷"来仔细阅读。可见，只要掌握了孩子的好奇心，就别怕孩子没有学习的动力。激发孩子的好奇心，是父母成功引导孩子的关键所在。

将学习融入游戏中

孩子的好奇心、兴趣总是在不断变化的，对于原有的学习内容，他们很容易出现经常性的厌倦情绪，这是因为小孩子的天性就是好动爱玩、喜新厌旧，一成不变而又需要不断重复的学习很容易使他们感到厌倦，这很不利于他们的深入学习。这时，可以通过孩子自己选择游戏的方式，来激发孩子的好奇心。

父母和老师都清楚，只要每天坚持练习，不管是弹钢琴还是拉小提琴，孩子相应的能力都会日积月累地不断提高。但是如何让孩子一直保持兴趣，却一直是令家长们十分头疼的事情。

寅次是一个聪明灵巧，很有小提琴演奏天赋的孩子，无论什么曲目，他总是能在最短的时间内学会。但他的问题也很明显：只要开始学习一首新曲子，寅次就会表现得热情十足，他不仅用心地听老师讲课，还非常努力地练习，其表现和一个刻苦用功的好学生没有两样。但是，一旦他觉得自己学会了，就会马上松懈下来，再也不愿意花一点工夫在同一首曲子上。作为一名初学者，他不具备足够的毅力和耐心，而这样子是很难取得大成就的。

除此之外，由于寅次总是学得比其他的孩子快，所以，当别人还在认真练习，试图掌握新曲子时，寅次就已经变得无所事事了。当他觉得一个人很无聊时，开始不断地做鬼脸、发出阵阵怪叫声，或者将女同学的辫子绑在课桌上，他调皮捣蛋的行为不仅把孩子们逗得大笑，还严重扰乱了课堂纪律和学习气氛，影响了其他孩子的学习。

一次，正在捣乱的寅次被铃木老师（日本著名教育家）发现了，老师为了惩罚他，不仅每次上课都让他待在自己身边练习曲子，还让他长时间地重复练习，以免他接触到别的同学。

寅次一次次找老师报告："老师，我已经练完啦。"

老师也一次次告诉他："还不行，必须再努力，直到非常熟练为止。"

寅次并不能理解老师维护课堂纪律，打磨他毅力和耐心的一片好心。相反，因为在每堂课都是练习同一首曲子，时间长了，他便养成了松懈、应付的坏习惯，经常跟父母吵闹，说是不愿意继续学习了。

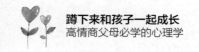
经过沟通，寅次的老师和父母终于明白，寅次不想去上学，并不是因为他不想学习，而是枯燥的练习使他失去了好奇心。

孩子是不容易集中注意力的群体，如果没有新奇的事物，他们很难长时间专注于一件事情。单调的弹钢琴和拉小提琴练习会让他们疲惫不堪。为此，老师需要让学习的方式具有趣味性。

如何提高孩子们练习同一首曲目的兴趣呢？铃木老师一直在思考这个问题。

一次，铃木老师和妻子一起去逛百货大楼，当时，百货公司正在开展一个"抽签中大奖"的促销活动，参加的顾客似乎都非常踊跃。看到他们欣喜若狂地疯狂拥挤时，铃木老师忽然灵机一动："如果在教育孩子时采用'学习抽签法'会取得怎样的效果呢？"

第二天上课时，铃木老师决定试一试自己想到的新方法。他向孩子们宣布，上课前大家要先来做一个游戏。他把写好曲目的竹签放进竹筒摇一摇。然后说："寅次，你来抽一支签吧。"

十几双眼睛充满了疑问和探寻，它们注视着跑到老师身边的寅次，寅次则屏住呼吸抽了一支签。"是《巴赫的波尔卡舞曲》。"铃木老师说，"寅次同学，这是你抽到的结果，那么你是否同意今天就学习这支曲子呢？"

寅次使劲点头："我同意，我同意，抽签的结果哪能随便改呢。"

原来如此，孩子们纷纷明白了，他们觉得这个游戏一定很有趣，于是一个个地举起小手，围着老师大声叫喊："该我了，该我了。""我也要抽！""该轮到我抽了。""老师，我有点够不着。"

最后，所有的孩子都抽到了自己的签，他们无比热情地投入了练习，连"调皮大王"寅次也没有再捣蛋。他练习得很认真，因为他认为"这支签是我自己抽中的，如果练不好该多丢脸呀！"

这个由铃木老师创造出的"学习抽签法"从此在音乐教室开始推广。实践证明，它能够非常有效地调动孩子们的学习积极性。孩子们表现出非常欢迎的态度，学习起来劲头十足，不管是学习新曲子，还是练习曾经学过的曲子，他们都显得信心百倍。他们相信自己一定能成功地演奏中签的曲子，因为那是一个"好彩头"。

后来，学校和父母发现，不管是在课堂上练习学过的曲子，还是在家里练习课外布置的曲子，都可以采用"学习抽签法"。对于那些初学的学生，"学习抽签法"尤其有效，因为可以激发他们在家中主动练习的热情。

通过这种方法，孩子们进步非常明显。寅次已经能够极其熟练地演奏巴鲁特的《小提琴协奏曲》，一些四五岁的孩子也能自如地演奏巴赫的《小步舞曲》和《快乐舞曲》。

兴趣是最大的老师，当学习变得没有新意，一成不变的时候，孩子学习的兴趣就会下降，效率就会降低。如何想办法培养孩子的兴趣，将学习融于游戏中，才是引导孩子学习的关键。

在孩子眼里，只有自己喜欢的游戏才愿意不厌其烦地做，因为这是他们的天性。父母在教育幼儿时，不要指望孩子能具有那种所谓的"自觉性"。即使孩子对学习产生了厌烦，家长也万万不能责备，而应该进一步寻找让孩子愿意学习的方法。

梦想法则
不要粉碎孩子的梦想

　　童年是梦想的故乡，一个人心中拥有了梦想，就会在希望中生活，并不断地创造生命的奇迹。童年是多梦的季节，一个真爱孩子的父母应当精心保护孩子的梦想，这样，梦想的种子才有可能长成参天大树。

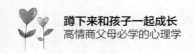
梦想法则

许多年以前，一位穷苦的牧羊人带着两个年幼的儿子靠为别人放羊来维持生活。一天，他们赶着羊来到一个山坡。这时，他们看见了一群大雁，鸣叫着从他们头顶飞过，并很快从自己的视野中消失了。

"大雁要往哪里飞？"牧羊人的小儿子问他的父亲。

牧羊人回答说："为了度过寒冷的冬天，它们要去一个温暖的地方安家。"

"要是我们也能像大雁一样飞起来就好了，那我就要比大雁飞得还要高，去天堂看妈妈。"他的大儿子眨着眼睛羡慕地说。

"做个会飞的大雁多好啊！可以飞到自己想去的地方，那样就不用放羊了。"小儿子也对父亲说。

牧羊人沉默了一下，然后对儿子们说："如果你们想，你们也会飞起来。"两个儿子试了试，并没有飞起来。他们用疑惑的眼神看着父亲。

牧羊人说，看看我是怎么飞的吧。于是他飞了两下，也没飞起来。牧羊人肯定地说："可能是因为我的年纪大了才飞不起来，你们还小，只要不断努力，就一定能飞起来，去你们想去的地方。"

儿子们牢记着父亲的教导，并一直不断地努力。等他们长大以后终于飞起来了，他们就是美国的莱特兄弟，他们发明了飞机。

人类最可贵的本能就是对未来充满幻想，对明天充满激情——尽管这些幻想有许多不确定的因素，尽管有些孩子的梦想永远都不能实现，但是，每一个人都在憧憬着未来，并为着或远或近的"未来"投入他们全部的努力。

许多看似不切实际的梦想其实都可以实现，这是因为梦想会使人心中产生激情，作为一种可贵的心灵动力，这种激情可以令一个人产生"虽九死而不悔"的生活向往，它会最大限度地激发人的潜能，从而实现自己的目标。

孩子天生都有梦想，童年是多梦的季节，童年是梦想的故乡。梦想是鸟儿飞翔的翅膀，不展开翅膀，你永远不会知道自己究竟能飞多远。一个人心中拥有了梦想，就会在希望中生活，并不断地创造生命的奇迹。

黎巴嫩著名诗人纪伯伦说："我宁可做人类中有梦想和有完成梦想愿望的、最渺小的人，而不愿做一个最伟大的无梦想、无愿望的人。"面对孩子的梦想，很多父母会说那是不切实际的"好高骛远"，他们不明白，正是有了梦想，不切实际才有可能变为实际。

一个真爱孩子的父母应当精心保护孩子的梦想，让梦想的种子长成参天大树。梦想就像人体成长所需要的微量元素与氨基酸，缺少它，大脑的营养就跟不上，思维就会迟钝，没有想象力、创造力。父母要学会给孩子以梦想，让孩子在无数个梦想中，充分发挥想象力与创造力。

想得到，做得到

一位多年从事教育事业的英国教师因年龄的缘故要退休了，整理办公室文件的时候，他发现了25年前自己所带过的一个班级51位同学的作文本。翻开来看，题目叫《未来我是——》。老师随便翻看着，回想着过去教学生的话。

"25年前的作业本了。"老师感慨道，临退休的怅然开始弥漫。但很快，老师的脸上浮现出了笑容，他被这些孩子们千奇百怪的自我设计迷住了。

一个叫彼得的学生写道：未来我是海军大臣，因为有一次在海里游泳时，我喝了3升海水都没被淹死。一个叫理查德的学生说：我将来必定是法国的总统，因为我能背出25个法国城市的名字，而同班的其他同学最多只能背出7个……最让人惊讶的是，一个叫戴维的盲学生，他说，将来他必定是英国的一位内阁大臣，因为在英国还没有一个盲人进入过内阁。

总之，孩子们都在作文中认真地描绘着自己的未来。有当驯狗师的；有当领航员的；有做王妃的……五花八门，应有尽有。

老师读着这些作文，突然有一种冲动——寻找这51位学生，看看他们现在是否实现了自己25年前的梦想。

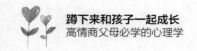
当地一家报纸得知他这一想法后很感兴趣，他们免费为老师在报纸上刊发了一则启事。没几天，书信开始一一寄到老师这里。50位当初的学生向老师致谢，谢谢老师仍然保存他们年幼时的梦想，并且希望得到那本作文簿，重温儿时的梦想。这中间有商人、学者及政府官员，更多的是没有身份的人。

老师开始按来信地址把作文簿一一寄了回去。

一年过去了，只有一个作文本没人索要。就是那个梦想进入内阁的戴维的作业本。老师想，那个叫戴维的人也许死了。毕竟25年了，25年时间是什么事都会发生的。

就在老师准备把这个本子送给一家私人收藏馆时，内阁教育大臣布伦克特寄来一封信。他在信中说，那个叫戴维的就是我，感谢您还为我们保存着儿时的梦想。不过我已经不需要那个本子了，因为从那时起，我的梦想就一直在我的脑子里，我没有一天放弃过；25年过去了，可以说我已经实现了那个梦想。今天，我还想通过这封信告诉我其他的50位同学，只要不让年轻时的梦想随岁月飘逝，成功总有一天会出现在你的面前。

布伦克特的这封信后来被发表在《太阳报》上。作为英国第一位盲人大臣，布伦克特用自己的行动证明了一个真理：假如谁能把15岁时想当总统的愿望保持25年，那么他现在一定已经是总统了。

25年的时间，可以说是一个漫长的过程，谁能具有坚持25年不变的意志，可能大多数人无法做到这一点。只有那坚持不懈为梦想奋斗的人，他们永远不会因为其他的原因改变自己的目标，不曾改变一丝成就理想的信念。

一位老师的忏悔

每个孩子都有自己的梦想，也许在父母眼里它是那么不切实际，那么遥远，但是，谁又能保证你的孩子不会实现自己的梦想呢？多给些鼓励和支持吧，让孩子勇敢地去追寻自己的梦。

美国犹他州一所中学。

一天，老师比尔·克利亚给大家布置了一份作业，要求孩子们就自己的未来理想写一篇作文。

出身贫寒但性格乐观向上的蒙迪·罗伯特是其中孩子之一。老师的作业并没有让罗伯特有什么其他想法，回家后，他开始兴高采烈地描绘自己的梦想。罗伯特用了整整半宿的时间写了7大张，在作文中他详尽地描述了自己的梦："我梦想将来有一天拥有一个牧马场。"他甚至还在作业里画下了一幅占地0.8平方千米的牧马场示意图，有马厩、跑道和种植园，还有房屋建筑和室内平面设计图。

第二天罗伯特兴冲冲地将这份作业交给了克利亚老师。然而作业批回的时候，蒙迪·罗伯特伤心地看到：老师在第一页的右上角打了个大大的"F"（差）。

蒙迪·罗伯特觉得自己的功课完成得很出色，他想不通为什么只得了个"F"。下课后蒙迪去找老师询问原因。

克利亚老师认真地说："蒙迪，我承认你这份作业做得很认真，但是你的理想离现实太远，太不切实际了。要知道你父亲只是一个驯马师，连固定的家都没有，经常搬迁，根本没有什么资本，而要拥有一个牧马场，得要很多的钱，你能有那么多的钱吗？"

最后，克利亚老师说："如果你愿重新做这份作业，确定一个现实一些的目标，我可以考虑重新给你打分。"

蒙迪拿回自己的作业，去问父亲的意见。父亲摸摸儿子的头说："孩子，你自己拿主意吧，不过，你得慎重一些，这个决定对你来说很重要！"

蒙迪考虑了一晚上，他决定坚持自己的梦想，即使老师给的成绩仍然是"F"。

多年来，蒙迪一直保存着那份作业，本子上刺眼的"F"激励着蒙迪，一步一个脚印不断超越创业的征程，多年后蒙迪·罗伯特终于如愿以偿地实现了自己的梦想。

数年后，克利亚老师带着他的30名学生参观一个占地约0.8平方千米的牧马场，当登上这座面积达4000平方米的建筑场时，他发现，牧马场的主人就是曾经被他评价为梦想太不切实际的蒙狄。克利亚老师流下了忏悔的泪水。

"蒙迪，现在我才意识到，当时我做老师时，就像一个偷梦的小偷，偷走了很多孩子的梦，但是你的坚韧和勇敢，使你一直没有放弃自己的梦！"

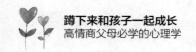

有梦才会有期望，有期望才会有拼搏和激情，守住自己的梦，勇敢地走下去，你就会比别人提前到达成功的彼岸。

我要跳到月球上去

有多大的想象力，才有可能有多大的成就。人没有幻想是不行的，没有幻想，阿姆斯特朗就不可能登上月球；没有母亲本杰明·威斯特的呵护，就没有他后来的成就。对孩子来说，如果没有父母的呵护，如果父母对他的幻想总是打击，孩子是很难有大成就的。

一天晚上，年轻的母亲正在厨房里做饭，才几岁的小儿子独自在洒满月光的后院玩耍。儿子蹦蹦跳跳，玩得不亦乐乎。年轻的母亲不断听到"咚咚"声，她很是奇怪，便大声询问："儿子，你在干什么？"

天真无邪的儿子也大声回答："妈妈，我在试着跳到月球上去。"

母亲并没有像其他的父母那样责怪儿子不好好学习，只知道瞎想。而是笑笑说："好啊！不过一定要记得回来吃晚饭啊！"

这个小孩长大以后真的"跳"到月球上去了，他就是人类历史上第一个登上月球的人——美国宇航员尼尔·阿姆斯特朗，时间是1969年7月16日。

还有一个同样有意思的故事：

一天，母亲有事出去，临走前，她交代儿子照顾好正在睡觉的妹妹。母亲走后，百无聊赖的小男孩发现了几瓶彩色墨水，他很好奇，忍不住打开瓶子，看到妹妹还在熟睡，就开始在地板上画起了妹妹的肖像。

不可避免地，室内各处都洒上了墨水污渍，家里变得脏乱不堪。

母亲回来，色彩凌乱的墨水污渍充斥着她的眼睛，但是她也发现了地板上的那张画像——准确地说是一片乱七八糟的墨迹。她惊喜地说道："啊，那是莎莉。"然后她弯下腰来亲吻了她的儿子。

这个男孩就是本杰明·威斯特，后来成了一个著名的画家，他常常骄傲地对人说："是母亲的亲吻使我成了画家。"

很多人习惯于把异想天开当成贬义词。曾见到一幅漫画，漫画上的第一幅是，一个穿长衫的人，在两只臂膀上装了鸟一样的翅膀，试图飞翔；第二幅是，他摔在地上死了。漫画的意思告诉我们什么呢？人不要有想象力，不要试图尝试你不知道、没把握的事情。

对于一个未成年却充满想象力的孩子，我们永远都不可能预测他将通过何种方式、何种途径去实现未来的人生价值，获取属于他的成功。我们要做的只有一件事，那就是鼓励，再鼓励！只要是积极的、向上的、生动的就去鼓励，剩下的一切都交还给他自己——让孩子做孩子的事，他往往能在"不可能"或"不太可能"中找到可以献身的东西，并能在造福于人类的事业中达到光辉的顶点！

南风效应
宽容比惩罚更有力量

　　"如果你想要人们相信你是对的，并按照你的意见行事，那首先就要人们喜欢你，否则，你的尝试就会失败。"教育孩子也是这样，如果你想要孩子认同你的意见，就要站在孩子的角度去考虑他们遇到的问题，体谅孩子并给他们改正错误的机会。

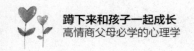
南风效应

北风和南风打赌，看谁的力量更强大。他们决定比试谁能把行人的大衣脱掉。

北风先来。他鼓起劲，呼呼地吹着，直吹得冷风凛凛、寒冷刺骨，可是越刮，为了抵御北风的侵袭，行人越把大衣裹得紧紧的。

接下来是南风。南风徐徐吹动，轻柔温暖，顿时风和日丽，行人觉得春暖上身，渐觉有点热，于是开始解开纽扣，继而脱掉大衣，南风获得了胜利。

人们把这种以启发自我反省、满足自我需要而达到目的的做法称为"南风效应"。南风之所以能达到目的，就是因为它顺应了人的内在需要，使人的行为变为自觉。

"南风效应"给我们的启示是：在处理人与人之间的关系时，宽容比惩戒更有效。北风和南风都要使行人脱掉大衣，但由于方法不一样，结果大相径庭。

教育孩子也是如此。每个孩子都有一颗向上、向善的心，父母要尊重、关心、激励自己的孩子；每个孩子都可能犯错误，父母要容忍孩子的缺点，客观、理智、科学地处理日常生活中出现的各种问题。在处理与孩子的关系时，一味地要求或者命令孩子，有时效果反而不好；如果父母站在孩子的角度考虑问题，体谅孩子，就能很容易达到好的教育效果。

漂亮的牛奶海洋

妈妈不在家，6岁的詹姆士想喝牛奶，于是他决定自己去拿。牛奶在冰箱里，小小的詹姆士根本够不着，他搬来一把椅子，踩在上面，左手扶墙，伸出右手去拿大罐子的牛奶，却没有拿稳，手一松，整罐牛奶都打翻在地上。牛奶淌了一地，几乎整个厨房的地面上都是。詹姆士吓坏了，他想妈妈一定会很生气的。

意外的是，回家后的妈妈看到这些后并没有发火，却说："好漂亮的牛奶海洋啊！我从来都没有见过。"看到詹姆士的紧张情绪已经缓解，妈妈接着说，"你愿不愿意跟妈妈一起把牛奶打扫干净呢？牛奶海洋是很漂亮，但是这样子的话地板上就很脏了。"

接下来，妈妈拿着拖把、扫帚，和詹姆士一起把厨房打扫了一遍。然后，妈妈又把他先前打翻的牛奶罐子装满水，放进冰箱，教詹姆士怎么拿才不会把罐子打翻——即用双手一起拿。

小孩子都是这样，他们常常会对自己的控制能力不了解，父母不在身边的时候，也许会因为自己的举动给父母带来麻烦。

如果你的孩子不小心打翻饮料、牛奶瓶时，你会怎么处理呢？是怒气冲天，大声呵斥孩子："你那么笨啊，连牛奶都不会拿？"是赶紧自己收拾残局，告诉孩子："没关系，没关系，你不要过来，不要踩到牛奶，让妈妈来收拾。"还是叫孩子一起来收拾，一起承担自己不小心做错的事？事后，再教孩子怎么去做就不会再次出错？

父母应该选择的是第三种做法，这样，你的孩子以后做事就"不怕做错事"，也有信心和勇气不断尝试、实验；尽管有时还是会出错，但他都学习用"心平气和"的心来看待，并勇敢地"自我承担"所做的一切。

心理学家说："当一个错误已经发生、覆水难收时，你发再大的脾气，也都于事无补。"大声责骂小孩，也只是使小孩更害怕、更恐惧而已；而且，愤怒可能会造成更多的错误。在生活中，当错误已是既成的事实时，教会孩子勇敢面对、勇敢承担；父母避免歇斯底里地发脾气，这样不仅使孩子受到不良影响，父母也会深受其害。

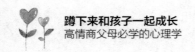
凯瑟琳妈妈的迂回战术

纽约地铁站治安混乱，最严重的问题是地铁站里的小偷和抢劫现象。历届政府都采取很强硬的措施，但是无论惩罚措施多么严厉，犯罪率仍旧高居不下。

安东尼奥就任纽约市市长之后，力主采取新的治理措施。他采取的办法不是暴力，而是在地铁站里不间断地播放贝多芬、莫扎特的古典音乐。其中《圣母颂》是播放次数最多的音乐。

结果，地铁站内多发的抢劫、偷盗行为大为减少，发案率也创下历届政府中的最低，纽约市的地铁秩序较之以前有了很大的改善。

"拯救还是制裁？"对于执行者来说，这只是选择的方法不同而已。但对于被执行者来说，两种不同做法给他们的感觉是不同的。安东尼奥是智慧的，他选择了拯救，因为拯救一个人的灵魂，要比任何手段都要高明有效。制裁的终极目标也应该是拯救一个人的灵魂。灵魂得救了，才是制裁的最终目的。

父母教育孩子也要讲究方法，但不同于拯救和制裁，父母要做的是：用宽容代替惩罚，给孩子以尊重和耐心。

布兰妮跟男朋友威尔逊分手了，起因是威尔逊接受了凯瑟琳的邀请，做了她圣诞舞会的男伴而冷落了布兰妮。一贯泼辣的布兰妮因此对凯瑟琳心有怨恨，于是，乘着凯瑟琳一家周末出去度假，布兰妮带了几个朋友砸碎了凯瑟琳家的玻璃，并向屋里扔鸡蛋和垃圾，以此来报复凯瑟琳。

周末出去度假结束，回到家的凯瑟琳一家发现，家里地上撒满了打碎的鸡蛋，屋里被弄得臭气熏天。

弄清楚情况后，怒不可遏的凯瑟琳妈妈立即打电话到布兰妮家，她愤怒地指责布兰妮妈妈没有好好管教自己的女儿。一头雾水的布兰妮妈妈直到她平静下来才明白事情的缘由。

布兰妮的妈妈很清楚自己女儿的一贯泼辣作风，她开始相信这是女儿的作为，于是她说："让我先同她谈一谈，再给你回话，我为你的不幸感到抱歉。"

放下电话，妈妈问布兰妮："凯瑟琳的妈妈说你把鸡蛋扔进了他们的屋子里，你能不能告诉我，到底发生了什么事？"

"没有，妈妈。"布兰妮嘴上十分肯定地说。

"那好吧，我打电话给凯瑟琳妈妈。"布兰妮妈妈说。她拨通了凯瑟琳家的电话："你好，我是布兰妮妈妈。我想你是误会了我女儿，她不会做这样的事情，而且，我希望你能向我和我的女儿道歉，因为你错怪了她……"

一旁的布兰妮很是感激母亲这样为自己辩护，但同时，她也因为自己向妈妈撒了谎而难过得无地自容。她觉得应该告诉妈妈真相，不让妈妈为自己背黑锅。她做了个手势告诉妈妈挂电话。

妈妈照做了，布兰妮含着泪说出了事实的真相，她等着妈妈大发雷霆，但出乎意料的是，妈妈并没有发火，反而跟她讲起自己过去的类似经历。

最后，妈妈说："做父母很难，为了保护自己的孩子不受任何伤害，他们愿意同任何人争吵，为自己的孩子辩护，但这样做不明智，通常只能看着自己的孩子承受这一切风暴，从中吸取教训。"

一番推心置腹的谈话使布兰妮感觉到了母亲的爱与理解，这也给了她纠正自己错误的勇气，她勇敢地打电话给凯瑟琳的母亲，承认了错误，并表示愿意做一切来补偿自己所犯的过失。

对待犯错的孩子，我们应该像布兰妮的妈妈一样，给予孩子爱与理解，让他们自己认识自身所犯的错误，如果一味以强硬的方式来解决的话，往往达不到自己预期的目标，反而使孩子与自己产生隔膜。宽容，是比惩罚更有力量的教育方法。对人宽容，是做人的一种美德。而对孩子们宽容，则不仅是美德，还是一种教育艺术。

与孩子做个约定

管理心理学中有句名言："如果你想要人们相信你是对的，并按照你的意见行事，那首先就要人们喜欢你，否则，你的尝试就会失败。"也就是说，要使对方接受你的观点、态度，你就要把对方与自己视为一体。

15岁的朱迪已经知道什么是流行了，她学着电视里的明星，穿花花绿绿的T

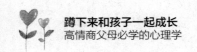
恤和磨得破破烂烂的牛仔裤，并拒绝听妈妈的意见。

对此，妈妈很不理解。每天早上，在女儿上学前，妈妈总会盯着她一身打扮，然后叹口气说："我的女儿居然穿成这副德行。"她不明白现在的孩子为什么喜欢穿破旧的衣服，把自己搞得邋邋遢遢，所以，当她看到朱迪在用泥土和石头猛擦新牛仔裤的裤脚时，她急忙上前阻止女儿，并搬出当年自己清苦过日的经历来进行说教。

女儿仍旧不为所动，只顾低着头使劲擦。面对妈妈的疑问，她一副理所当然的神情，还不紧不慢地说："我就是不能穿新的。现在不时兴穿新的牛仔裤，一定要弄旧才能出门。"

新牛仔裤经过加工，裤管上多了一把须须儿（流苏）。朱迪对此很满意，她给它配的是爸爸的一件旧T恤，上面染满了蓝色的圆点和条纹。每天上学朱迪都开开心心地穿着它们招摇。

妈妈很不满意，但唠叨一点实际效果都没有。一天，妈妈突然想到：自己并不清楚其他的初中女孩穿成什么样子，那何不亲自去瞧瞧呢？

于是，当天妈妈决定开车去接朱迪回家，以便观察其他女孩的穿着，结果发现穿得比女儿更"惊世骇俗"的大有人在。回家的路上，妈妈向朱迪表示："也许我对'牛仔裤事件'反应过度了些。从现在起，你去上学或和朋友出去玩，爱穿什么随你的意，我不过问。"

"太好了！"朱迪欢呼起来。

"不过你跟我一起上教堂、逛街或拜访长辈时，你得要乖乖地穿些像样点的衣服。这样做你只需让步百分之一，我却得退百分之九十五，你说谁比较划算？"

女儿听了之后，眼睛一亮，然后伸出手来跟妈妈握了握："妈，就这么说定了。"

从此以后，朱迪每早快快乐乐出门，不再有妈妈对她的衣服的啰唆和评价，而朱迪和妈妈一起出门时，也会自动装扮很得体。这个协定让他们母女皆大欢喜。

我们常说，退一步海阔天空。这句话也适合父母与孩子之间的争执。一直有代沟这一说法，说的就是因为时代的不同，两代人之间有太多的不同看法，如果双方都坚持己见，就无法达成一致。不妨理解一下对方，互相多一些让步，事情就可得到圆满解决。

苦口良药的严格和无限宽宏的理解都能有利于孩子的成长。父母要做的是，如何将他们良好地结合起来。

会幽默，让你事半功倍

苏联著名诗人米哈依尔斯维特洛夫教子的故事一直在教育界广为流传。

某一天，斯维特洛夫回到家，发现儿子坐在沙发上得意地吐着黑黑的舌头。而家里人则慌作一团，他们一人拿一部电话，都在向医院请求急救。原来，诗人的小儿子舒拉别出心裁地喝了半瓶墨水！

看到爸爸回来，儿子舒拉还冲爸爸做了个鬼脸。诗人明白：舒拉一定是想以此成为全家关注的中心。喝下的那种墨水孩子不至于中毒，所以用不着惊慌。而现在正是教育舒拉的好时机！

于是，他问舒拉："你真的喝了墨水？"

舒拉没回答，他仍旧得意地坐在那里继续伸出黑黑的舌头。

父亲一点也不恼火，而是从屋里拿出一沓吸墨水的纸来，对小儿子说："现在没有办法，只有请你把这些纸使劲嚼碎吞下去了。"

一场虚惊就这样被诗人一句幽默的话冲淡了，"危机"在家人的嬉笑声中结束。此后，舒拉再没犯过类似出风头的错误。

孩子，尤其是男孩子，有时会故意打破常规做出异常的举动。通常，他们是想证明自己勇敢，并希望以此引起别人的注意。

此时，如果父母采用"硬碰硬"的简单方式，孩子很可能会变得更加蛮不讲理。遇到这种情况，做父母的最好借助幽默，用轻松的口吻指出他不通情理之处，使他明白自己的错误所在，从而达到教育孩子的目的。

孩子的想法跟父母也是不一样的。很多时候孩子在学校或伙伴那儿出了洋相，对成年人来说，可能一笑置之。可对孩子来说，那是世界末日：他的脸丢大了，也许他整天都在考虑该转学了。

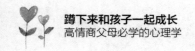

　　这时候，幽默的重要作用就显现出来了：父母的安慰远不如父母的自嘲或幽默更有效。父母可以跟孩子回忆他们童年时代出丑的事，告诉他们当时自己的心情和别人的评论，让孩子意识到：当时，这类似的事情也曾让身为父母的我们觉得痛不欲生，犹如世界末日，可是，现在我们还不是过得好好的？父母的自嘲和幽默既让孩子放松了心情，也让孩子对未来抱有信心。

　　父母在培养孩子的过程中适当运用幽默感，不仅可以缓解父母和子女之间发生冲突时的紧张气氛，更可以将幽默感渐渐传给孩子，让孩子学会幽默轻松地面对人生。

自然惩罚法则
让孩子对自己的行为负责

当孩子在行为上犯了错误时，父母不应对孩子进行过多的指责，而应该让孩子自己承担错误直接造成的后果，给孩子以心理惩罚，使孩子能够正确认识自己的错误，进而自觉改正错误。

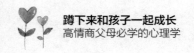

自然惩罚法则

一个孩子不爱惜家里的东西，这天又把椅子弄坏了。爸爸毫不留情地让他连续几天站着吃饭，让他体验体验自己的行为所带来的劳累之苦。

一个孩子很任性，动不动就摔东西来表示自己的"抗议"。一天因为妈妈没给他买他想要吃的，就把一件新玩具摔坏了，把一本书撕烂了。妈妈更是"强硬"，马上宣布一个月之内不再给他买新玩具和书，若他没有改正的行为则继续延长。

18世纪法国教育家卢梭认为："儿童所受到的惩罚，只应是他的过失所招来的自然后果。"这就是卢梭的"自然惩罚法则"，是世界教育史上的一个里程碑。如果孩子打破了他所用的东西，莫要急于添补，让他自己感受到需要它。他打破了自己房间的玻璃窗，让风日夜吹向他，也不怕他因此而伤风；伤风比起漫不经心还要好些。

自然惩罚法则的含义是：当孩子在行为上犯了错误时，父母不应对孩子进行过多的指责，而应该让孩子自己承担错误直接造成的后果，给孩子以心理惩罚，使孩子在承受后果的同时感受心情的不愉快甚至是痛苦，从而让孩子自我反省，自觉弥补过失、纠正错误。

简单地说，自然惩罚法就是让孩子在自作自受中体验到痛苦的责罚，强化痛苦体验，从而吸取教训，改正错误。"自然惩罚法则"的关键就是要让孩子感到受惩罚是自作自受，是应该受惩罚的。

"自然惩罚法则"的另一种方法是：给机会去试试，如孩子一定要穿那好看但太单薄的衣裙，或适合宴会穿的硬底皮鞋时，就让她穿，结果必然是"太冷了""鞋太滑太硬不能在操场上跑、追不上同学"。总之是让孩子自作自受。

生活费花完了，那就饿着吧

让孩子从自己的错误中直接体验到后果，父母不对此加以评论和指责，效果会更好。上大学的鲍勃就是一个很好的例子。

鲍勃从小花钱就没有计划也不节约。转眼间，鲍勃上大学了，爸爸为了限制他花钱的速度，跟他约定：每月的15号爸爸给他寄500美元的生活费。多年的习惯不是那么容易就改的，鲍勃照旧花钱如流水，毫不节制。有时，他跟朋友出去到餐馆或娱乐场所挥霍，一次就能把一个月的生活费都花光。因此，每月不到15号鲍勃就囊中羞涩了。

每当这时，鲍勃就会打电话给爸爸，要求爸爸提前寄下个月的生活费过来。爸爸爱子情切，他容忍了儿子的行为，于是，父子俩的约定就只剩下了形式，这也使鲍勃更加没有顾虑，一连几个月，鲍勃已经预支了半年后的生活费了。他花钱无度的毛病不但没改，反而更加严重。

这时鲍勃的经济状况又出现危机了，他给爸爸发了封邮件，说："爸爸，我饿坏了。"按照惯例，爸爸明天就会寄钱过来。然而，这次鲍勃没有看到有自己的汇款，他打开邮箱，发现爸爸回了封信给他，信也很简单："孩子，饿着吧。"

接下来的日子就不那么好过了。鲍勃绞尽脑汁地节衣缩食、精打细算，对每一美分都计划安排，事情很奇妙，身上只剩20美分的鲍勃居然撑到了下个月15号，也就是爸爸再次寄钱过来的日子。

体验到吃苦受罪滋味的鲍勃，学会了有计划地花钱。以后的每个月，鲍勃居然还能每月省下100美元来存款，这样，鲍勃的生活更丰富也更有意义了，用这些钱他买了好多自己喜欢的书、唱片，还可以出去旅游。他的大学生活比以前过得更充实了。

教育孩子就是这样，当孩子犯了错误之后，不应当由父母来承担子女的过失，让孩子学会为自己的行为负责，才是真正的教育之道。

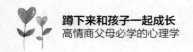
穿脏衣服的蒂娜

有时候，父母的强迫、命令态度也会给孩子带来反感，从而无法达到自然惩罚的效果。正确的方法是让孩子自己去感受错误。

蒂娜满13岁了，已经懂得追求漂亮了，最直接的表现就是她换衣服的频率越来越高，这直接加重了妈妈的负担。于是，妈妈决定找她谈谈，妈妈说："宝贝，妈妈工作很忙，你已经13岁了，可以为妈妈分担些家务，做一些自己的事情了。以后你的衣服要自己洗。如果你忘记的话，就只好穿脏衣服了。"蒂娜很痛快地点了点头。

一周过去了，妈妈发现洗衣机里塞满了蒂娜的脏衣服，她很生气，于是很严厉地批评了蒂娜，蒂娜答应妈妈下次不会了。

接下来的一周，蒂娜还是没有洗，脏衣服更多了，洗衣机里已经放不下了，它们都堆在了蒂娜屋里，几乎占了一地，最严重的是蒂娜已经没有几件干净衣服可以换了。妈妈决定用"自然惩罚法则"好好教育教育她，但是蒂娜有她的应对办法：她从脏衣服堆里捡出稍微干净的衣服继续穿，就是怎么也不肯自己动手把它们洗干净。

几周下来，妈妈彻底被激怒了。终于有一天，她狠狠地骂了蒂娜一顿，把她的几件脏得不得了的衣服扔了，最后把蒂娜拉到洗衣机旁，逼着她把衣服洗了。然而接下来的日子，事情并没有多大改观，蒂娜照旧还得需要妈妈催促才会去洗衣服。

事实上，蒂娜不可能一直穿脏衣服，女孩子一般都是爱打扮、爱干净的，她懂得什么是美观漂亮，什么是邋遢肮脏，她不可能长期穿脏衣服。她的"消极怠工"可能是出于对妈妈干涉的抗议，她只是想让妈妈知道，她并不愿意让别人强迫自己干什么事情。她宁愿自己穿脏衣服，也不愿意受妈妈支配。

妈妈在恼火的时候强迫蒂娜洗了衣服，问题并不能解决。也许下次情况还是这样。

对于这件事，如果妈妈不再对蒂娜是否洗衣服提出意见，而是直接告诉她，她已经很大了，她有能力清洗这些脏衣服，而且也该为此负责，洗或不洗是她自己的事情，妈妈不会再干涉或操心。蒂娜妈妈如果真能平心静气地和女儿进行谈话，了解她不洗衣服的原因，可能就会避免一场长时间的斗争，实际成效也会大不一样。

许多父母在教育孩子的时候，经常会不由自主地运用自己的"权力"，强迫孩子做事，就像蒂娜妈妈最后强迫她洗衣服一样。单纯地命令孩子做事情，或强迫他去做，是在利用父母的权利，而这种权利无非是身份、年龄或体力的差别，孩子当然无法在这些方面去与大人竞争。强迫孩子做事会导致他们用其他的方法来抗争，很难想象会有好的教育效果。

运用"权力"教育孩子是种很武断的教育方法，孩子不听你的话，并不是挑战你，他们只是希望自己能有更多的自主权。正确地应用这种方法是一种帮助避免矛盾产生的有效方法。

大人也要承担自己的过错

在教育孩子的时候，一定要让孩子明白：每个人都应该为自己的行为负责，都要承担它的后果，无论好坏。这是父母在教育孩子时一定要着力培养的良好习惯。尤其是在集体活动中，孩子更要尽职尽责，有条理地做好自己的本职工作，否则就会给自己和大家带来麻烦。

学校组织去国家公园野餐，老师将需要带的东西分派了下去，由班上的同学每人负责回家准备一项。同学们有的负责去超市买食品，有的负责准备烤肉的炉子，有的负责所有的餐具……威尔逊分到的任务是负责准备烤肉要用的调料。

期盼这次野餐已经很久了，因此，消息一得到确认，威尔逊就开心地蹦了起来，直到放学回家，他都开心地楼上楼下地欢呼着，惹得爸爸妈妈一阵怜爱。妈妈提议威尔逊列一个单子，把需要带的东西先想好了，然后交给妈妈检查，这样不但可以防止遗漏，还可以防止没有经验的威尔逊漏拿了东西。

但是威尔逊说要先出去跟小朋友宣布这个消息，回来后再列清单。他说：

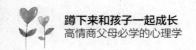

"放心吧，爸爸妈妈。我会带好的，别担心。"

爸爸虽然不是很相信他，但一想，这是一个很好的锻炼机会，就没有再要求他必须现在开列出清单来。

小威尔逊在外面玩了整整一天，临到晚上该睡觉的时候他才匆匆跑到厨房里收拾。

第二天，当全班人准备就绪，开始野餐时，小威尔逊却怎么也找不到烤肉汁，他惭愧地低下了头。这次教训让他意识到由于自己的疏忽，使这次活动大为逊色，影响了自己，也麻烦了别人。

在"自然惩罚法则"上，父母作为孩子直接的榜样，也应该以身作则，由于自己的过错造成的后果决不推卸到孩子身上，成为自己承担后果的表率。

7岁的埃迪坐在靠近门边的书桌前写作业，外面风很大，作业本被风吹得"啪啪"直响。埃迪不得不一次次跑去关门，每次关上没多久，一阵猛烈的风就又把门吹开了。

这时，邻居山姆叔叔来找埃迪爸爸，他没有进门，和埃迪爸爸俩人就站在大门外闲聊起来。

没多久，风又把门吹开了，埃迪于是跑去关门。他猛地把门合上，然而大门却因为碰到障碍物反弹了回来，与此同时，埃迪爸爸压抑的叫喊声响起。

埃迪惊恐地看到，门外的爸爸五官痛苦地扭曲在一起，头发一根一根地竖着，而他的五根手指则怪异地缠来拧去……看到埃迪出来，爸爸暴怒地冲他扬起了手。原来，刚才爸爸的手放在门框上，埃迪突如其来的关门，差点把爸爸的手指夹断。

埃迪吓坏了，以为这次一定免不了一顿暴打。但是爸爸的巴掌一直没有落下来，埃迪的脸颊，感受到的也仅仅是一阵掌风而已。

事后，爸爸对埃迪说："当时我实在痛得厉害，原想狠狠地打你一个耳光，但是，转念一想，我是自己把手放在夹缝处的，错误在我，凭什么打你。"

父亲的这句极为普通的话，却给了埃迪一个毕生受用无穷的启示：犯了错误必须自己承担后果，不可迁怒于他人，不可推卸责任，无论你是一个父亲、老板还是领袖，即使你受到了伤害。这件发生在埃迪童年的小事，对埃迪的一生或多或少地都有了影响。

一次体验胜过万句叮嘱

卡尔一家要去山上野营，临行前爸爸妈妈和卡尔定好了"纪律"：这次活动为期两天，参加者需要自带相关用品，不得互相借用，并且需要在山上度过一个晚上。

定好规矩后，一家人开始分头收拾自己的营地生活用品。卡尔拒绝了妈妈的帮助，并很自豪地告诉她："妈妈，我能够照顾自己的。"

妈妈没有再坚持。出发前，妈妈检查了卡尔的行李，发现他没有带足够保暖的衣服，也没有带手电筒，这是野营时必须要带的东西，但是妈妈并没有多说什么，她想，应该试用一下"自然惩罚法则"，让卡尔亲身体验一下自己行为带来的后果，会对以后的生活有益处。

爬山、蹚河……经过一下午的跋涉，一家人终于到了山顶上。望着正在下落的太阳，每个人都很有成就感。然而，问题很快就来了，太阳下山了，天越来越黑，气温也开始下降。由于没有带足够的衣服，卡尔冻得瑟瑟发抖。因为有约在先，卡尔不得不咬牙忍受着，不能向爸爸妈妈求助。

看到冻得可怜兮兮的卡尔，爸爸妈妈很心疼，但是他们决定不帮忙，好让卡尔从自己的错误中懂得今后该怎么做。

更严重的问题还在后面。由于没有带手电筒，卡尔根本没办法在漆黑的山顶看清楚路况，为此，被山上的草丛、矮树划伤了胳膊和腿。

这次的野营，卡尔搞得很狼狈，怏怏地回到家里，妈妈问："这次玩得不开心是因为什么呢？"

"我以为那里的天气会和这里一样，所以只带了平常穿的衣服，没有想到山里会那么冷！下次再去，我就知道该如何去做了。"

"那如果下次去的是佛罗里达，你也带同样的衣服吗？"妈妈试探地问道。

"不会的，佛罗里达很热，我会带凉快一点的衣服。"

"对了，你应该先了解一下当地的天气情况，再做决定。那手电筒呢？"

"我想到要带手电筒，可我一忙，最后把手电筒给忘了。我想，下次野营时我应该像爸爸妈妈一样，先列一个单子，这样就不会忘记东西了。"

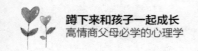

一问一答中，妈妈已经帮助卡尔总结了这次活动的经验教训。经验对于一个人的成长是很重要的，别提醒孩子，让孩子在体验中尝到自然惩罚的后果，你的孩子就能成长进步得更快。

利用孩子的过失，当场教给孩子道理也是很有效的方法之一。

米娜今年刚刚满4岁，最近一段时间，她对妈妈厨房里的厨具越来越感兴趣，总是想去摸摸、看看，如果妈妈允许她拿在手上玩一会，米娜会比吃到最喜欢的大白兔奶糖还开心。

这天，妈妈的朋友送来一套来自中国的仿明朝的瓷碗，素雅的颜色，精致的花纹，整个碗看起来漂亮得不行。米娜很想去摸摸看，她央求了妈妈半天，但是妈妈还是不同意。于是，乘着妈妈正在跟朋友说话的当口，米娜偷偷拿起了其中一只，在手里把玩着。

"哐——"的一声，一不小心，米娜将碗掉在地上打碎了。

知道自己犯了很严重的错误，米娜吓得哭了，妈妈没有动，只是严肃地冲孩子说："去厨房拿托盘来，马上把洒在地板上的碗的碎片收拾干净，并且向叔叔和阿姨道歉，因为你把叔叔阿姨送来的礼物打碎了。"

米娜哭着，但她仍很快按照妈妈的吩咐拿来了托盘，开始把碗的碎片从地上捡起放到托盘里面。

米娜笨拙地收拾着茶杯碎片，但妈妈只是严厉又慈祥地看着她，不上来帮忙，也不允许别人帮忙。

过了一会，一切收拾完后，米娜走过来向叔叔阿姨道歉："我太冒失了，请叔叔阿姨原谅。"

这位母亲利用孩子的过失，当场教给自己的孩子一个道理：即便你年龄再小，但只要是自己闯的祸，就要由自己来承担责任。

尊重法则
把孩子当成独立的个体

　　自尊是人生必须学会的第一个原则，要想让孩子真正长大成人，就应该让孩子从小就"站着"，而不是"趴着"去仰视那些大人物，这种自信心与健全的人格会为孩子的一生打下良好的基础。

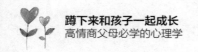

尊重法则

幼儿园开学的第一天，一群刚刚入园的孩子横七竖八地坐在图书馆的地毯上，等待着接受他们人生的第一课。

一位老师微笑着问他们："孩子们，我来给你们讲个故事好不好？"

"好！"孩子们答道。

于是老师拿出一本书，讲了个很短但很优美的童话。然后她告诉孩子们说："这个故事是一个作家写的，就在这本书里面，你们长大后，也一样能写这样的书。现在哪一位小朋友也能来给大家讲一个故事？"

一位小朋友站起来，用幼稚的童声讲道："我有一个爸爸，还有一个妈妈，还有……"这时，小朋友们看到老师在桌子上摊开一张非常好的纸，很认真、工整地记录着这个语无伦次的故事。

"下面，"老师又说，"哪位小朋友能给这个故事配个插图呢？"

又有一位小朋友站起来，他仔细地画一个"爸爸"，画一个"妈妈"，再画一个"我"。虽然画得很不像样子，老师同样认真地把它接过来，附在那一页故事的后面，最后，老师取出一张精美的封皮纸，把这份作品装订在一起。并在封面上写下了作者的姓名、插图者的姓名，及"出版"的年月日。

老师把这本"书"高高举过头顶："孩子们，瞧，这是你们写的第一本书。写书并不难。你们还小，所以只能写这种小书。我相信，等你们长大了，就能写大书，就能成为伟大的人物。"

自尊是人生必须学会的第一个原则，要想让孩子真正长大成人，就应该让孩子从小就"站着"，而不是"趴着"去仰视那些大人物，这种自信心与健全的人格会为孩子的一生打下一个良好的基础。一个人的心灵世界，是要靠自尊来支撑的。尊严可以带给人自信，也可以改变一个人的命运，这就是"尊重法则"。

研究显示：与9个月至3岁的幼儿多交谈，会使这些孩子日后变得更聪明。

在父母与子女之间关系平等，彼此尊重，且保持沟通交流的家庭里，孩子的智商会比别的孩子明显高出很多。

蒙台梭利的擤鼻涕课

蒙台梭利是20世纪西方最卓越的儿童启蒙大师之一。一次，她给儿童们上一节有关怎样擤鼻涕的课。

蒙台梭利给孩子们示范了使用手帕的不同方法，还指导他们如何能尽量做得不引人注意。她以一种他们几乎察觉不出的方式拿出手帕，并尽可能轻地擤着鼻子。孩子们聚精会神地注视着，没有一个人发出笑声。

示范刚结束，孩子们就像在剧场中那样热烈地鼓起掌来。

孩子们的反应之所以这么强烈，是因为她的这次课触及到了孩子们那极其有限的社交生活中的敏感点。

儿童在擤鼻涕方面存在很大困难。每当他们表现不是那么合适的时候，就会遭到父母的责备，但没有一个人真正地教他们擤鼻涕的方法。

更为伤害他们的是，为了不丢失手帕，他们在学校里还得把手帕惹人注目地系在脖子上。当蒙台梭利这样做时，他们感到抵偿了过去的羞辱，而他们的掌声表明，他们不仅在这里受到公正的对待，而且这项技能的掌握也使他们在社会中也取得了一个新的地位。

可见，儿童有一种强烈的个人尊严感。而成人通常意识不到他们是受到伤害和遭到压抑的，更意识不到自己在蔑视孩子。虽然孩子有时不能够做好某些事情，但父母要认识到：一颗健康的心灵对孩子才是最重要的。

在日常生活中，父母蔑视孩子的事例数不胜数，虽然父母们做这些事的时候并没有意识到。比如，当你看到你的孩子端了一杯水，你就会害怕孩子把这只杯子摔碎，这实际上就是蔑视孩子的一种表现。一只杯子难道比孩子的尝试和探索具有更大的价值吗？你是给孩子探索的机会呢，还是只心疼你的杯子？

如果是前来拜访的客人打碎了这只杯子，父母肯定会立刻说，这只杯子并

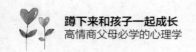
不值钱，完全不用把这件事放在心上。为什么孩子打碎了就是另一种反应，很难避免挨骂呢？

暴力教育就是"教育事故"

鲁迅先生曾经讲过一句颇为深刻的话，对于孩子，"小的时候不把他当人，大了以后，也做不了人"。自尊心是不甘落后、相信自己不比别人差并能超过他人的一种情感体验。作为父母，一定要尊重孩子的自尊心。

莎拉是个胆子很小的孩子，她从小生活在爷爷奶奶身边，爷爷奶奶对她精心呵护，日常生活几乎大包大揽地代办，慢慢地，莎拉养成了内向、胆怯的性格。

后来，莎拉开始到父母身边生活，爸爸脾气比较暴躁，莎拉在他面前经常吓得什么都不敢说，不敢做。一天，家里来了客人，爸爸让莎拉给客人倒水，一不小心，茶杯摔在了地上，爸爸当着客人的面劈头盖脸地就骂道："你真是个笨猪！"生性敏感的莎拉羞愧得无地自容。

当天晚上，莎拉做了一个噩梦，看见爸爸恶狠狠地指着她的鼻子，用手指着她的脸。从今以后，莎拉看到爸爸就紧张，越紧张越是出错，每当这时，爸爸都毫不留情地加以训斥。莎拉最后患了恐惧症，每天晚上做噩梦，一点风吹草动都紧张得不行。

莎拉的生长环境几乎毫无尊重可言。她的父母是爱她的，这一点毋庸置疑。然而莎拉的父亲信奉"棍棒出孝子"的古训，认为父亲打骂女儿天经地义，他的巴掌快如闪电，常常会以迅雷不及掩耳之速度雨点般密集落下，莎拉就只有哇哇痛哭的份儿了，哪里还能张口申辩？年幼时的莎拉对父亲怕极了，以至于最盼望的事情就是爸爸出差。在爸爸的暴力教育下，莎拉的性格变得非常自卑。

稍大一点，莎拉有了倔强与自尊意识，父亲再打她就强忍住不哭。不想，这种做法竟令她的父亲感到威严受到了挑战，于是把更大的力气运在手掌上，直打得她忍不住哭出声来。在哭声和讥讽声中，莎拉初萌的自尊心已经满是裂纹。

　　莎拉的母亲也是同样，她总是担心莎拉学坏，因而除了询问莎拉学校的情况外，甚至偷偷查看莎拉的日记和信件。一天，莎拉正在家中写信，妈妈走近，她下意识地将信纸一捂，这反而勾起了母亲的警惕，她坚持非看不可。结果，在激烈的争夺战中信纸被撕成碎片扔进了火炉，气喘吁吁的母亲在赏她一记耳光后转身离去。

　　莎拉的母亲可能没有意识到，在她上来抢信的那一刹那，孩子的自尊已经受到了严重的伤害。父母用专制建立了他们的家长威严，而莎拉的自尊自信在如磐的重压下艰难地生长，温良谦恭的外表下，隐藏着她的敏感和孤僻。严重的时候，她甚至想到了自杀。

　　孩子的健康成长不只体现在身体上和智力上，而且还体现在心理上。一棵小树苗，只浇水施肥而不见阳光，就难以长成参天的大树。家庭尊重之于小孩，就好比阳光对于小树苗。要想保护孩子的自尊心，切忌在众人面前用命令和训斥的口吻和他们说话，对孩子采取冷漠和粗暴的方法都是非常不可取的。教育孩子时恶言相向是一种极不尊重孩子的表现。

"小人物"也有大自尊

　　2岁的儿子第一次看见蚂蚁，妈妈温柔说："你看小蚂蚁好乖，蚂蚁妈妈一定很疼爱他。"于是，儿子放弃了捏死一只蚂蚁的想法，乖乖地趴在一旁看那只蚂蚁宝宝。

　　5岁的儿子进了幼儿园。妈妈给他讲了一个故事：一个小女孩很注意保持环境卫生。一次和妈妈逛街，小女孩跑到马路对面去丢手中的雪糕纸。不幸的事发生了，一辆车猛地开过来，小女孩像一只蝴蝶一样飞走了。失去孩子的妈妈疯了，每天都在那个地方捡垃圾。被感动的人们再也不乱扔垃圾了。那个城市成了一座永远干净美丽的城市。眼眶湿润的孩子告诉妈妈，他再也不乱扔东西了。

　　儿子已经上小学了。老师找了母亲，说她儿子最近总是迟到。妈妈没有责

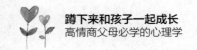

怪儿子，只是温柔地问他迟到的原因。孩子说他发现在河边看日出太美了，看着看着就忘了时间。第二天，母亲一早就跟儿子去河边看了日出。她说："真是太美了，儿子，你真棒！"这一天，儿子没有迟到。晚上，妈妈在儿子的书桌上放了一只好看的小手表。下面压着一张纸条：因为日出太美了，所以我们更要珍惜时间和学习的机会，你说是吗？爱你的妈妈。

儿子已经开始上初中了。一天，班主任打给妈妈电话，说她儿子在课堂上偷看一本画册，里面有几张人体画！和老师交换了意见后，妈妈替儿子要回了那本画册。虽然内心里很是烦乱，但是妈妈还是什么都没说，仿佛什么也没有发生。

第二天早晨，儿子在他的枕头上，发现了那本画册，上面附着一封信：儿子，生命如花，都是美丽的。一个女人死了，千年后，我们还能怀念她的美丽。孩子，从审美的角度出发，记住那些让我们感动的细节，比如一片落叶，一件母亲给你织的毛衣，一个曾经为你弯腰系过鞋带的女孩……有一天，你就会以你充满色彩和生命的心感召世人，就像你小的时候我给你讲的那个飞翔在果皮箱上的小女孩。人们爱她，因为她是天使。

懂得在孩子的缺点中发现那一点点优点，并用无微不至的圣洁的母爱呵护着他生命中的那一点点光，那一点点不曾被扑灭的光，总有一天会洒成满天的星星、月亮和太阳，照亮这个我们深爱着的世界。

让孩子说出感受，接受孩子的感受

与孩子说话是一种交流，一种尊重。一定的时间，平等的气氛，耐心的态度，都是与孩子敞开心扉，表达尊重所必要的。如果你希望自己的孩子聪明伶俐，那么就抽出更多的时间，与孩子说说话吧！

由于突然下雨，原本和同学的野餐计划被迫取消了。这让埃里克感到很生气。他在家里不停地又哭又闹，还冲爸妈发火。

然而，埃里克的父亲却很冷静，他没有像其他的父亲那样大声斥责孩子，他想：儿子是用怒气向我表现他的失望，我应该对他的感受表示理解和尊重，并设法帮助他。

于是，父亲对埃里克说："你看上去很失望。"

埃里克："我当然很失望了。"

父亲："你已经准备好了野餐的一切，老天却下雨了。"

埃里克："就是！这讨厌的天气。"

这时，出现了短暂的沉默，然后埃里克主动的说："哦，不过，可以以后出去玩。"他的怒气看起来消失了，在下午余下的时间里，他再也没有发过火。

可见，和孩子进行积极沟通，不仅能够表示对孩子的理解，最重要的是它表达了父亲对孩子的尊重，让孩子的怒气慢慢地消失。

8岁的卡尔从学校回来，看上去很不开心。以下是妈妈和他的谈话：

"你看上去很累。"

"两个小朋友在图书馆里吵闹，老师找不出是谁，就罚我们所有的人在大厅几乎站了一天。"

"全班同学一天都站在大厅里？怪不得你看上去那么累了。"

"但是我跟老师说，'琼斯小姐，我相信你能找到吵闹的那两个学生，所以你不用惩罚我们所有的人。'"

"嗯，因为少数人的过错而惩罚全班的人是不公平的！你能帮助老师认识到这点很不简单。"

"我没有帮上什么忙，不过至少她笑了，那是今天她头一次笑。"

"嗯，虽然她没有改变主意，不过确实因你改变了情绪。"不知不觉中，妈妈纠正了卡尔一些幼稚或者模糊的观念，把他引向健康发展的道路。

让孩子自己穿衣服，好吗？

每个孩子都是一个独立的权利主体，都希望"做自己的主人"，受到尊重。

早上，5岁的杰弗里正在吃力地穿着一件妈妈昨天特意为他买的小毛衣，不

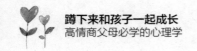

过由于杰弗里分不清毛衣的正反面，所以这的确是一件让人头痛的工作。

"杰弗里，好了没有，要不要我帮你。"妈妈焦急地喊道。

"我要自己穿！"他坚持着自己的努力。过了一会，妈妈沉不住气了，因为她必须在8点以前赶去上班，在这之前，她还要送杰弗里去幼儿园，

"我帮你穿。"妈妈伸手要帮他。

"不！我不要你帮！"杰弗里摇晃着身体大叫。

"别再耍脾气了，时间已经不多了。快过来，妈妈给你穿。"妈妈看着手表，焦急地说道。

"我说过了，不用你帮！"杰弗里往床边使劲后退了一步。

妈妈真的生气了，她一把将杰弗里拉了过来："你真是在浪费我的时间。"妈妈边说边强行从杰弗里手中夺过毛衣，而杰弗里则试图挣脱妈妈的控制，他像一只受伤的小兽，拒绝妈妈将毛衣套进他的脑袋。

杰弗里的母亲虽然是出于好心，而且实际情况也要求杰弗里必须快点穿好毛衣，但她没有尊重孩子的意愿和权利，把自己对事物的判断强加给孩子，致使杰弗里在穿衣服这类小问题上抵制母亲。在这种情况下，家长与孩子的位置便有了倾斜。父母过分看重自己的权利而忽视了孩子的权利。

我们经常可以看到这种现象：父母抱着孩子向别人展示，自己满面笑容，孩子却不高兴，因为他可能想睡觉或者自己去玩，而我们成人却往往凭自己的兴趣任意安排他的生活；当父母认为应该出去散步了，即使这时孩子正在高兴地玩耍，父母并不顾及孩子的感受，硬是打断他的活动，把孩子打扮一番就带他出去了；孩子正在从事一项工作，例如把小石子装到桶里去，这时，母亲的一位朋友前来拜访她，于是，母亲要求孩子立即把散乱一地的石子收拾起来，然后孩子被带到客厅见客人。

父母不断地突然闯进孩子的环境中，去打搅他们，并且不跟他们商量就操纵他们的生活，这从根本上说，是对孩子的不尊重。得不到父母尊重的孩子，会觉得自己的活动没有任何意义和价值，感到自己软弱无能，这种感觉会慢慢变成沮丧和缺乏信心，进而压抑孩子行动的欲望。

得不到父母尊重的孩子，就像在心头上笼罩着一片乌云，他在父母的暗示里觉得自己是无能的，进而陷入冷漠和恐惧之中，形成"自卑"的心理障碍。

　　要克服这种现象，就必须做到：不要因为自己的过度关心而过度频繁地打断孩子玩耍的兴趣，置孩子自身的需要于不顾，这是父母自私的一种表现。在孩子反对时仍坚持成人的立场，完全无视孩子的权利，这必然会导致与孩子之间的矛盾。

　　父母要建立这样的意识：孩子虽然年幼无知，毫无经验，体小力弱，需要自己的保护，但这并不表示父母有权利指挥孩子。尊重孩子，也是尊重你做父母的权利。父母要适时给孩子一些成长的空间，保留一定的权利，这样他才不再感到失败。

孩子也有点菜权

　　父母必须学会与孩子合作，对孩子的正当需要有足够的重视。孩子虽小，但毕竟也有自尊的需要。其实相互平等及尊重的关系不仅仅存在于成人之间，也存在于成人与儿童，以及儿童与儿童之间。

　　父母和孩子都是平等的，孩子的成长需要父母的尊重。尊重你的孩子包括尊重孩子的隐私，尊重孩子的思想，以及尊重孩子的朋友。

尊重孩子的隐私

　　男孩喜欢写日记，他用这种方式记录自己的想法和每天的活动。妈妈担心儿子胡思乱想，耽误学业，于是经常偷偷翻看儿子的日记。男孩虽然一直怀疑自己的日记本被人动过，但是一直没有证据。

　　这天，男孩去上学了，妈妈习惯性地走到儿子屋里，开始翻看儿子的日记。

　　这次儿子在日记里写的是妈妈，他深情地写道："妈妈，您头上的白头发又多了起来，您这是为我累的呀！妈妈，您一定要珍惜自己的身体啊！为了表达我对您的爱，我把您的白头发珍藏在日记本里。"

　　看到这一段字，妈妈感动得流下了眼泪。然而，她却没有发现本子里有白头发。妈妈以为是自己弄丢了，就从头上拔了一根白发，夹在儿子的日记本里。

　　晚上，男孩放学回来。拿出日记本，他发现了里边的白头发，就对妈妈

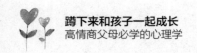

说："妈妈，您又看了我的日记！"

"怎么会呢，那根白头发不就在你的日记本里吗？"妈妈说。

"妈妈，我根本就没放白头发。"儿子笑着说。

每个人都有自己的隐私，孩子也不例外。尊重孩子的隐私就能够赢得孩子的尊重。

尊重孩子的选择

在美国，曾有一个三口之家到餐厅用餐，服务生先问母亲点什么，接着问父亲点什么，之后问坐在一边的小女儿："亲爱的，你要点什么呢？"女孩说："我想要热狗。"

"不可以，今天你要吃牛肉三明治。"妈妈非常坚决地说。"再给她一点生菜。"女孩的父亲补充说。

服务生并没有理会父母的提示，目不转睛地注视着女孩问："亲爱的，热狗上要放什么？"

"哦，一点西红柿酱和黄酱，还要……"她停下来怯怯地看一眼父母，服务生一直微笑着耐心等着她。女孩在服务生的目光鼓励下说："还要一点炸土豆条。"

服务生径直走进厨房，留下目瞪口呆的父母。

这顿饭小女孩吃得很开心，回家的路上，她还在不停地说啊笑啊，最后，她走近爸爸妈妈，开心地说："你们知道吗？原来我也能够受到他的重视。"

孩子尊重父母并不一定通过对父母言听计从来表示。让孩子养成尊重父母和他人的习惯，最基本的方法之一是：尊重他们并要求他们用尊重回报我们。

尊重孩子的朋友

已经初中的苟维性格开朗，为人热情、大方，和班上许多同学的关系都非常好。

苟维生日那天，班上的好多同学都带着生日礼物来给苟维祝贺。大家七手八脚，洗菜做饭，海阔天空地闲谈，忙得不亦乐乎。

苟维的父母满脸不高兴，可当着苟维同学们的面又不好发作。午饭后，等同学们一出家门，苟维妈妈就把苟维叫来训话："你已是初中生了，主要任务该是学习，不应该与那些不三不四的人来往。"

苛维中午便看到了妈妈阴沉的脸色，而现在妈妈居然批评她的朋友是"不三不四"的人，苛维气也来了，大声说道："什么'不三不四'，他们都是我的同学，难道你以前就不到同学家玩吗？再说同学之间多来往能够培养社交能力……"

还没等苛维把话说完，妈妈已厉声打断她："我不是不要你的同学来玩，你是女同学，干吗要与男同学交往？来了一窝蜂，吵吵闹闹的，真烦死人了！一个小孩子家培养哪门子社交能力？"苛维听完，气得哭了起来。

作为父母，最好不要干涉孩子的交友，因为尊重孩子的朋友，也就是尊重你的孩子。

延迟满足
从小培养孩子的耐心

控制冲动、节制欲望是一个人取得成功的重要因素，它比智商更具有预测性，而且可以通过后天学习获得。童年教育是培养节制品格的开始，所以父母在孩子的早期教育中，应将孩子自控力的培养置于重要地位。

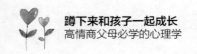
延迟满足

为了研究控制欲望与成功的关系,美国心理学家沃尔特·米切尔和他的实验人员曾做过一个经典的"成长跟踪实验"。

沃尔特·米切尔选择了一所幼儿园,并在幼儿园选出十几个4岁儿童,将一些非常好吃的软糖按每人一颗发给这些孩子,同时告诉他们:如果马上吃,就只能吃手里这一颗;如果等20分钟后再吃,则能吃到两颗。在美味的奶糖面前,任何孩子都将经受考验。

在这批儿童中,有些孩子急不可耐,马上把糖吃掉了。另一些孩子却决心等待对他们来说是漫长的20分钟。为了能使自己坚持到最后,他们或闭上眼睛不看奶糖,或头枕双臂、自言自语、唱歌,有的甚至睡着了。最后,他们终于熬过了对他们来说漫长的20分钟,吃到了两颗糖。

沃尔特·米切尔和他的实验人员把这个实验一直继续下去,他们对接受实验的孩子进行了追踪调查,这项实验一直持续到孩子们高中毕业。结果发现:在4岁时就能以坚韧的毅力获得两颗软糖的孩子,到了青少年时期仍能等待,耐心不急于求成,表现出更强的社会竞争性、较高的效率和较强的自信心,更加独立、主动、可靠,能较好地应对挫折,不会手足无措和退缩,为了追求某个目标,他们像幼年时一样,仍能抵制"即刻满足"的诱惑。

而那些急不可耐,经不住软糖诱惑,只吃到一颗糖的孩子,在青少年时期更容易有固执、优柔寡断和压抑等个性表现,他们往往屈从于压力并逃避挑战。

在对这些孩子分两级进行学术能力倾向测试的结果表明,那些在软糖实验中坚持时间较长的孩子的平均得分高达210分。后来几十年的跟踪观察也证明:那些有耐心等待吃两块糖果的孩子,事业上更容易获得成功。

沃尔特·米切尔把用于分析孩子承受延迟满足的能力称为"延迟满足",一个很通俗的解释就是能够等待自己需要的东西到来,而不是想到什么就要什么。这个实验的最终结果表明：面对"诱惑"，孩子当初做出的选择不仅反映出他的性格特征，而且在一定程度上预示了未来的人生道路。

那些在4岁时就能够为两块糖果等待的孩子，显然具有较强的竞争能力、较高的效率以及较强的自信心。他们能够更好地应付挫折和压力，他们不会自乱阵脚、惶恐不安，不会轻易崩溃。因为他们具有责任心和自信心，办事可靠，所以普遍容易赢得别人的信任。

而那些在当年经不住诱惑的孩子，其中约有1/3的人显然缺乏上述品质，心理问题也相对较多。社交时，他们羞怯退缩，固执己见又优柔寡断；一遇挫折就心烦意乱，把自己想得很差劲或一钱不值；遇到压力往往退缩不前或不知所措。

这一调查的结果可以说是对节制价值的很好印证。它说明控制冲动、延缓满足是一个人取得成功的重要因素，它比智商更具预测性，而且后天可以练习。

耐心的小维尼

只有那些有耐心的父母才可能把孩子培养成有耐心的人。要训练孩子的耐心和耐力，父母首先必须有耐心，能够沉住气。

妈妈正在埋头工作，小维尼走过来央求："妈妈陪我到公园去玩嘛。"

妈妈头也没抬地对小维尼说："妈妈工作正做到一半，等妈妈把文章整理完就出去。"

过了一会，维尼又来催促妈妈："妈妈，还要等多久？我现在就要出去。"

"维尼，妈妈急着赶工作，你先玩一会儿玩具，还得再等妈妈一会。"

听到这些，维尼闷闷不乐地到自己屋里看故事书去了。

妈妈做完工作之后去叫维尼："我完成工作了，走吧，妈妈带你出去玩。"

"不，等一等，这个故事我正看了一半。"女儿捧着一本书，模仿着妈妈的口气说道。

妈妈没有生气，她并不因为女儿的故意模仿而恼怒，她认为这是教育孩子

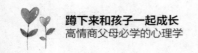
懂得"延迟满足"的好机会，也是对女儿的尊重。因此，妈妈很有耐心地坐在客厅的沙发上等起了女儿。最后，等到小维尼读完那个故事，母女俩才一起出门。

在现实生活中，孩子往往欲求过分。或者是刚吃过一块冰淇淋还想再吃一块，刚买过一个书包，还想再买一个；或者是不管什么需求，一想到就要求父母必须马上满足，否则就会哭闹不已。

父母要让孩子学会"等待"，对孩子的一些日常玩乐、享受的需求给予延缓满足。最好让孩子做出适度努力后，再满足他的欲求。如果孩子想得到新衣服，就要学着自己洗衣服、刷鞋子、整理床铺。还可以采用积分制，每做一件值得鼓励的事，就加几分，累积到一定数量，可以让孩子获得想要的某种奖励。

孩子产生"欲求过分"的问题，表面上看原因似乎在孩子身上，实际上根子还是在家长身上。是家长"有求必应"的行为滋长了孩子的这种习惯和心态。

家长要学会说"等一等"

通常，孩子年龄越大，欲求的东西越多，从小对孩子的需求给予"延缓满足"，就能培养孩子良好的自制能力，对孩子的成长意义深远。

英子对妈妈蒸的鸡蛋羹总是百吃不厌。

一天，妈妈正在厨房蒸鸡蛋羹，英子闻见香味跑了进来。

"妈妈，我要吃蛋羹。"

"蛋羹还没有蒸好，再等几分钟吧。"

"我现在就要吃。"3岁的英子开始撒娇。

"蛋羹没有蒸好怎么能吃呢？你先去吃块面包吧。"妈妈说。

"不，不，我就要吃蛋羹。"英子甚至开始揉眼睛，企图让妈妈答应她的要求。

妈妈知道女儿自控能力差，难以抵制外在的诱惑和内在的欲望。为了让她明白什么是等待，妈妈把她带出了厨房，不再理她了。

过了5分钟，女儿又跑回厨房，焦急地对妈妈说："我要吃蛋羹。"

蛋羹的确已经蒸好了，但为了锻炼女儿的耐心，妈妈并没有立刻给她，而是让她再安静地等一会儿。她告诉女儿："再等一等，蛋羹虽然蒸好了，但它现在很烫，你不能吃。"

"不，我不怕烫，我现在就要吃。"英子哭闹起来。

妈妈没有再多说什么，她自顾自地开始收拾餐具。见到妈妈这样对自己，英子生气地跑回自己房间哭了起来。

过了一会儿，蛋羹已经凉了下来。妈妈把它放在了餐桌上，对女儿说："好香的蛋羹呀，现在可以吃了。"

英子没有反应，妈妈知道她还在生气，并不理会她，继续做其他的事。过了一会，英子悄悄地从房间里走了出来，到餐桌前吃起了蛋羹。

许多父母不能理性地看待孩子的过分欲求，常常在有意无意中纵容和培养了孩子的这种心态和习惯。为了满足孩子马上喝水的要求，父母把热水从保温壶倒进大碗，又从大碗倒进小碗，最后还不断地用嘴吹，试图让水尽快凉下来。

为了立刻满足孩子的喝水要求，父母动用了五六个容器，无暇顾及其他事情，孩子还在旁边急得直跺脚，大人则在忙乱中不断地安抚着："就好了，就好了，快了，快了。"如果父母被动满足孩子的每一个要求，那么父母就会成为孩子的奴隶，即使忙得四脚朝天也不会让孩子得到一半的满足。

自制力等良好的意志品质是成功者的重要心理素质。父母在孩子的早期教育中，应将孩子自控力的培养置于重要地位。童年的教育是培养节制品格的开始，"延缓满足"练习是培养孩子节制品格、提高孩子的自控力的重要方法。

在孩子的成长中，孩子的生活并不会随时都会有父母的呵护，最重要的是，我们应该设法让孩子懂得：世界不是以他为中心，因此，必须学会等待，学会控制自己的情感和行为。英子的妈妈则理智地利用"等一等"的方法，有意识地训练了孩子的自控能力。

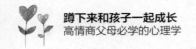
学会容忍，学会克制

人必须学会在大小事情上进行自我克制，脾气要服从理性的判断。哪怕对自己一点小小的克制，也会使人变得强而有力。也许一个人地位低微，但是，如果他拥有一种快乐的性情，那么，他的灵魂就会因而伟大、高贵和崇高。

法拉第是一个性格倔强、脾气古怪甚至有点暴躁的人，在他温文尔雅的背面，是火山一般炽烈的激情。他是一个容易激动甚至脾气暴躁的人，但是，他高度自律。"他把他火一般的激情化做一束主要的'光芒'，并使其成为他生命的不竭动力，而非任由他火热的激情白白浪费掉。"廷德尔教授说。

在法拉第的性格中，有一点特别值得我们学习——自我克制能力，即一种极其类似于自我控制的品质。自我控制能力是个体在没有外界监督的情况下，适当地控制、调节自己的行为，抑制冲动、诱惑，延迟满足，坚持不懈地保证目标实现的一种综合能力。它是自我意识的重要成分，是一个人走向成功的重要心理素质。

在这个世界上，诱惑无处不在，欲望随时会产生。但是法拉第把全身心的精力都投入到化学事业中，坚决抵制一切诱惑，专心沿着纯科学之路探寻、求索。

正如廷德尔先生所说："综观他的一生，这位铁匠的儿子、装订工的学徒，不得不在15万英镑的巨额财产和他所热爱的科学事业之间决定取舍。他义无反顾地选择了后者，死时他一贫如洗。但是，他的名字在40年里一直光荣地列于英国科学名人录的榜首。"

历史上，自我克制极强的伟人们的例子数不胜数。历史学家安格迪尔是法国少数几个拒绝屈服于拿破仑政权的文人之一。他极端贫困，仅靠面包和牛奶度日，一天的花费仅仅3个苏拉。但是他说："我还可以为征服者马仑戈和奥斯特里兹一天节省两个苏拉。"

朋友劝他屈服于拿破仑，说："如果你病倒了，你将需要救济金的帮助。为什么不像其他人一样呢？向皇帝献殷勤——你需要仰仗这个而生活。"

"那我宁愿去死。"历史学家掷地有声地回答道。

安格迪尔并没有死于贫困，在他94岁临终前夕，他对他的一位朋友说："来，看一看我这个仍然充满活力的将死之人吧！"

詹姆斯·奥特勒姆同样具有这种杰出的、高尚的、自我克制品质，不过，他是在一种完全不同的生活环境中展现这种品质的。在他的一生中，他高尚的宽容精神特别突出。

作为一名高级军官，詹姆斯·奥特勒姆即使不赞同某项政策，他还是会尽力去贯彻执行它，在其义务范围内，他决不动摇、畏缩。在侵略西德地区问题上，虽然他并不赞成这一政策，但是，在整个战争期间，他的部队被纳皮尔将军认为是最好的部队。

即使如此，詹姆斯·奥特勒姆也并不是一个单纯的执行者，他仍然有自己的思考和是非观念。战争宣告结束，征服者开始大肆掠夺西德地区时，奥特勒姆说："我不赞成这一战争政策，不准备分享这种'奖赏'！"

詹姆斯·奥特勒姆的自我克制能力又一充分，体现在另一个故事里。战争期间，上级派给他一支强大的部队去援助正在攻打拉克瑙的哈夫洛克。作为一名高级军官，他完全有权担任主要指挥官；但是，鉴于哈夫洛克已经做的一切，他极其无私地把结束战斗的光荣任务交给了这位部下，而且他自愿为哈夫洛克提供帮助。

人类必须自我克制，脾性必须服从于理性的判断，必须尽量避免坏心情、坏脾气影响，养成尖酸刻薄、好挖苦人的习惯。一旦人们的思想松懈，这些东西就会卷土重来，就会在我们的本性上为它们建立永久的基地，就会深入我们的心灵中。

培养孩子的自我克制，培养他的理性思考和判断能力，是孩子今后能够取得成功的必要前提。要想光荣、和平地度过其一生，他绝对有必要学会无论在大事小事上都自我克制。

珍惜孩子的"三分钟热度"

控制自己生气的冲动，控制自己的情感是一个人应该必备的基本素质，也是一个人心理成熟的要素之一。父母要着力从小培养孩子的这项品质。训练孩

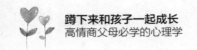

子情感控制可以通过一些小游戏来实现。

"取棍子"游戏

劳伦斯·沙皮罗在《EQ之门：如何培养高情商的孩子》中介绍的"取棍子"游戏，是一种指导孩子进行自我控制的传统训练方法。

在游戏中，一个叫迈克的孩子全神贯注，要把绿棍子下的红棍取出来。因为太专心，手都有些发抖了。他只有在不碰到绿棍的前提下，移动红棍，才可以把红棍取出来。这时另一个孩子对着迈克做鬼脸，对着他的耳朵吹气，还说他是塌鼻子，屁股脑袋，试图分散他的注意力。

迈克全然不为所动，慢慢呼吸，放松肌肉，眼睛紧盯着目标。他知道要想赢得这场游戏，必须排除他人恶作剧的干扰，集中注意力。他在内心克制着自己，终于，他成功地把红棍子取出来了。

这项游戏内容很简单，但需要参加者能集中注意力，具备很好的动作协调能力，目的是教会孩子情感控制技能。

情感教育必须针对大脑思维和情感两部分。孩子在遭到取笑时，只告诉他怎么做是不够的，应该同时学会控制自己的愤怒情绪。

孩子生气时，会脸色通红，身体发紧，高度紧张⬛⬛⬛⬛⬛面部表情和体态上都有表现。成功的训练方法是要孩子首先认识⬛⬛⬛⬛⬛通过深呼吸、分散注意力等办法，使自己身体平静下来，最⬛⬛⬛⬛以把训练过程记录下来，让孩子看看自己当时的表现，这样⬛⬛⬛情感控制技能。

除此之外，训练情感控制还有其他的方⬛⬛⬛学会协商而非争论打斗的方式解决问题。具体来说，可以从以⬛⬛

首先，两个孩子面对面坐着，同意通过协⬛⬛题，尊重对方意见，不骂人，不取笑人。每人先陈述自己的想法（想要什么，为什么要），然后陈述对方的要求。每个人都必须拥有表达自己观点的权利，否则就不可能成功地达成协商。

协商的精髓就是最终实现双赢。每人必须同意至少3条可能的解决办法，其中有妥协，但双方都不失立场。然后，两人权衡每一种方案。到此时，他们已经站到一个战壕里，共同寻找双方满意的解决办法。

最后，两人订下协议，将最好的方案付诸实施。协议应详细说明执行方案的人员、内容、时间、地点和方法等。

这种方法适合年龄稍大一点的孩子。人们发现，在训练过程中，自我控制能力差、经常与人发生冲突的孩子，能更有效地充当起调停人的角色，他们自己的行为能够戏剧性地得到改善。

"注意看"游戏

儿童教育专家M.S.斯特娜认为，只有先让孩子养成专心的习惯，他才有可能在成人后对自己的事业全身心投入，不会被其他事情干扰。而且有了专心的习惯，他的记忆力及自我控制能力还会有所提高。"注意看"游戏是培养孩子专心做事的方法。

斯特娜和女儿维尼夫雷特常玩这种游戏。这种游戏引起孩子的极大兴趣，而且激起孩子的好胜心以及不服输的精神。

斯特娜用的办法是，一只手抓住五六根彩色的发带，在女儿面前一晃而过，然后问女儿有几根。开始时，速度比较慢，让孩子有足够的时间注意看。后来速度越来越快，到最后只是眨眼间的事。起初女儿说不准，但后来准确率就大大提高了。刚开始玩游戏时，女儿输的次数比较多，后来女儿猜对了，就反过来考妈妈，妈妈反而输得更多。每到此时，女儿童心大起，并开始责怪外婆为什么不早点用这个方法训练妈妈。

除此之外，斯特娜还会给女儿一个有各种图案的小花瓶，让女儿观察一分钟，然后让女儿说出上面有几种图案，是什么颜色。或者把孩子领到一个房间里，让孩子看看有什么东西，然后对房间里的东西做个变动，再让女儿观察，看能否说出变化。

这些"注意看"的游戏主要是培养孩子的注意力，也有利于培养孩子的节制品格。因为孩子要在游戏中取胜，必须在一定时间内，克制着自己，保证注意力不分散，集中于某一对象上。如此反复训练，不但提高孩子的观察力，培养了孩子自律自制的品格，还锻炼了孩子的记忆力。

"三分钟"游戏

另外还有一种名为"三分钟"的耐性训练法，它同样也是训练孩子专心致志的好方法。

皮奈特只爱看电视和玩游戏，对书本不感兴趣。一天，父亲拿着个沙漏，

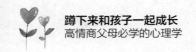

告诉他说，这是古时候的钟表，里面的沙子全部漏下去时，正好是3分钟。皮奈特想玩玩这个沙漏。这时父亲说，以沙漏为计时器，和爸爸一起看故事书，每次以3分钟为限。皮奈特很高兴地答应了。皮奈特果然静静地坐下来听爸爸讲故事。但事实上他根本没有留意看书，而是一直看着那个沙漏，3分钟一到，便跑去玩了。

父亲没有气馁，他决定多试几次。这样数次之后，皮奈特的视线渐渐由沙漏转移到故事书上了。虽说约定3分钟，但3分钟过后，因为故事情节吸引人，皮奈特听得特别入神，他要求延长时间，但父亲坚持"三分钟"约定，不肯继续讲下去。皮奈特为了早点知道故事情节，就自己主动阅读了。

父亲用这种循序渐进的训练方法，对皮奈特进行潜移默化的教育。这实际上是通过孩子感兴趣的东西，使孩子的注意力在一定时间内专注于某一对象，久而久之，孩子养成习惯，也就提高了自制力。

3分钟，正好适合孩子注意力的特点，3分钟后立即打住，既使孩子觉得父亲守信，也利用孩子的好奇心，引发他主动学习的动力。当然，父母要有耐心和恒心，不要试了一两次后觉得没效果就放弃了。

另外，节制包括对自己精神方面的克制，也包括对自己欲望的自制。自律的节制品格表现在对待财物上就是节俭。因此，从小培养孩子生活节俭的习惯，也是培养孩子节制品格的一部分内容。

感觉剥夺
让孩子亲自品尝生活的滋味

大脑的发育、人的成长、成熟是建立在与外界环境广泛接触的基础之上的。丰富多彩的外界环境是智力和情绪等心理因素发展的必要条件，我们应让孩子积极感受丰富多彩的外界环境，从环境中获得更多的知识和信息。

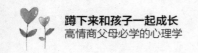
感觉剥夺

1954年，在加拿大蒙特利尔海勃（Hebb）实验室，心理学家进行了"感觉剥夺"实验。

实验中，被试者按要求戴上了半透明的护目镜，使其难以产生视觉；用空气调节器发出的单调声音限制其听觉；在他们的手臂上戴上纸筒套袖和手套，用夹板固定腿脚，来限制其触觉。

被试者被安排在几个单独的实验室里，几个小时后开始感到恐慌，进而产生幻觉……在实验室连续待了三四天后，他们产生了许多病性心理现象：对外界刺激敏感，出现错觉、幻觉；注意力涣散，思维迟钝；产生紧张、焦虑、恐惧等负面情绪，精神上感到难以忍受的痛苦，他们急切要求停止实验。在实验停止后数日，他们才恢复正常。

通过这个实验，心理学家们发现：感觉是人最基本的心理现象，通过感觉我们才能获得周围环境的信息，并适应环境求得生存。大脑的发育，人的成长、成熟是建立在与外界环境广泛接触的基础上的，丰富多彩的外界环境是智力和情绪等心理因素发展的必要条件。

由于适应环境是以信息平衡为前提的，信息不足或信息超载都会导致身体机能的严重障碍。信息不足的原因之一就是"感觉剥夺"（指将志愿者和外界环境刺激高度隔绝）。在"感觉剥夺"的状态下，各种感觉器官接收不到外界的任何刺激信号，经过一段时间后，就会产生实验中的病性心理现象。

世界是广泛联系的，人的成长和成熟必然建立在尽可能多地和外界接触的基础上。在日常生活中，人们漫不经心地接受各种刺激，进而由此形成各种感觉，这是一种本能，是必不可少的。只有更多地感受外界的接触，并加强和外界的联系，才可能拥有更大的力量，获得更好的发展，人的心理和思想境界才能达到最优。可以说，广泛联系是心理潜能激发的第一步。

广泛联系对孩子尤为重要。很多家长对孩子过于关心，生怕各种意外和疾病，怕孩子吃苦，于是把孩子放在较好的环境中，这样反而限制了孩子的成长，引发孩子心理的不健全，使孩子眼界狭小，心胸狭隘。

我们应当让孩子积极感受丰富多彩的外界环境，让孩子去尝试做每件事情，从环境中获得更多的知识和信息。这样，他们的动手能力就会增强，眼界就会开阔，心胸就会更加宽广。

不吃鱼油的狗

有时候，并不是孩子不喜欢尝试某类事物，而是父母的强迫态度让孩子产生反感，如果父母没有让孩子产生被剥夺的感觉，孩子一定会去尝试接触各种事物。

吉米爱狗爱到痴迷的程度，他十分愿意花钱给自己的爱犬购买昂贵的健康食品。一个偶然的机会，他听人说吃深海鱼油对狗的发育很有帮助，于是他购买了大量鱼油。

这天一大早，吉米就把狗抓来，用双膝夹紧狗头，勉强它张开大嘴，然后对准喉咙灌进一大瓶子的昂贵鱼油。但小狗总是很不合作，它把头扭来扭去，致使鱼油溢流满地。

吉米很生气，他气愤地想打爱犬，却看到狗儿自己转过身来，静静地舔食流到地上的鱼油。此时，吉米方才明白，狗儿所抗拒的不是鱼油，而是他喂狗的方式。

父母爱护孩子常常像吉米对待自己的爱犬一样，他们恨不能把自己所有认为好的东西都塞给孩子，却常常忘了询问孩子是否需要，或者是否喜欢这种方式。在孩子犯错的时候，父母常常扮演救火队的角色，到处救火。其实我们永远不能代替孩子经历人生，顶多只能成为一个引导者，最终必须让孩子自己与自己面对面。

卢克不爱吃青豆，而爸爸却认为青豆对身体成长有利，总是逼他把那些小东西吃下去。

这天，家里的餐桌上又出现了一盘青豆。无论爸爸怎么要求，卢克就是紧

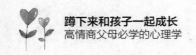
闭嘴巴不肯吃。经过一个多小时的斗争，爸爸仍然没能达到目的，而卢克则眼泪汪汪地紧闭双唇坐在那里。

爸爸很生气，他强硬地把一勺豆子设法塞进了卢克嘴里。但是，卢克根本就不肯把它们咽下去。

晚饭结束后，妈妈安排卢克睡觉，她发现那些青豆仍留在他嘴里。第二天早晨，妈妈在卢克的床底下发现了一小堆糊状的豆子。

爸爸妈妈都很困惑，卢克为什么会那么倔强？

事实上，卢克之所以倔强，不在于他多么讨厌青豆，而在于父母剥夺了他选择食物、体会生活的方式。对于孩子，最主要的是让他们体验生活，当你给孩子尝试的机会时，你会发现他们往往朝着你期望的方向发展。

如何改掉孩子的赖床毛病？

每天早上如何让孩子起床，相信这是大多数父母的烦恼。大多数孩子都有赖床的毛病，父母总是一次次地催促孩子起床上学，他们或者温柔叫唤，或者直接掀开孩子的被子，逼迫他们"起床、刷牙"。孩子满腹牢骚，他们讨厌父母打扰他们的睡眠、破坏他们的美梦，父母也不厌其烦，早起的好心情可能就在这吵吵闹闹中失去了。

8岁的埃米莉喜欢睡懒觉。每天，她都希望在床上多待几分钟，而这几分钟总是一拖再拖，直到误点。对此，妈妈有时会发脾气，甚至大发雷霆，无奈的埃米莉总是慢慢起来，很不高兴地吃早饭。

每天的叫喊让妈妈很不满，也感到很累。埃米莉也一样，她甚至觉得是妈妈的原因让自己迟到了，如果妈妈不再那样催促，自己肯定能很早就起床。

埃米莉生日那天，妈妈送她一个小闹钟作为礼物，另外在礼物盒子里还有张小纸条，纸条上写道：亲爱的埃米莉，你不喜欢太早被别人叫醒。现在你可以自己做主，爱你的妈妈。

第二天早上，当闹钟响了之后，埃米莉一下子从床上蹦了起来。妈妈对埃米莉说："亲爱的，太早了，你怎么不多睡5分钟呢？"

埃米莉一边穿衣服一边回答："不，我上学要迟到了。"

一直困扰母女两个的早上起床问题得到解决，埃米莉和妈妈的关系更加融洽了。

与其强迫孩子起床，不如让闹钟自动提醒孩子，一旦给孩子一个宽松的环境，每个孩子都能从生活中获得体验。

日本教育家铃木教授曾说，只要用心，培育一个智商150的儿童一点都不难。在铃木儿童园地里的儿童，智商平均在135到150左右，有些甚至高达180。他们在入园以前都是很普通的孩子，学校也并未以提高智商为主要的教育目的，但是通过体验教育，孩子的智商都有很大的提高。

现在的幼儿教育主要局限于音乐、绘画或体育方面，而实际上，幼儿教育应该没有限制，无论什么都可以，换句话说，就是要让他实际去看、去听。

在日本九州幼儿园，幼儿园老师常常带三四岁的儿童去观看村里的祭奠。从庙前老先生的挥拳弄掌、抬轿，到舞狮表演都让孩子观赏。老师还带他们去看农夫种田、除草。

令父母非常吃惊的是，回到幼儿园后，孩子们能从头到尾记住祭奠的内容，跟着挥拳弄掌，模仿抬轿，对狮子有兴趣的孩子还会跟着舞狮。此外，他们还在幼儿园旁边开辟的田圃里种起了菜。

三四岁的儿童能达到这种地步，实在是不可思议。孩子们详细观察他们感兴趣的事物，对微不足道的地方也很注意，跟着学习，通过直觉地观察，捕捉到事情的精华所在。所以老师们根本不必告诉他们必须看什么，只要让他们实际体验就可以了。实践是检验真理的唯一标准，只有亲身经历过，孩子们才能获得经验，并随着经验的积累掌握价值非凡的知识。

做孩子忠实的观众

好的教育一定把犯错看成是教育的良机，使孩子在犯错中成长。当孩子犯

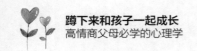
错误的时候，我们不能护短，护短只会越护越短。犯错误是幼儿的天性，我们要允许孩子犯错误，当孩子犯错误时，要帮助孩子找到犯错误的原因，分析利害，督促其改正不重犯。

在体验教育上，中西教育方法存在着很大的差异。一些中国的家长愿意为孩子付出一切，认为多替孩子做一些，孩子就少辛苦一些。但是他们没有意识到，"走冤枉路"后获得的记忆更为强烈，让孩子去"走冤枉路"其实也是一种学习方法。

一群孩子正在一起玩沙土。一个美国孩子用小铲子把沙子往漏斗里装。沙子顺着漏口往下漏，漏斗总也装不满。孩子歪着脑袋看了半天，然后他用手指头堵住漏口，等沙子装满就把漏斗拿到瓶子口边，再放开手，让沙子流进瓶子。

由于沙子漏下的速度很快，从孩子拿开手指到漏斗对谁瓶子口，沙子剩不了多少。但孩子丝毫不泄气，一点一点儿地做着。

终于，孩子弄明白了：他等到漏斗口对准了瓶子再倒沙子，瓶子很快就被装满了。孩子笑了，高兴地看着身后的妈妈，而他妈妈正鼓掌为他庆贺。

同样，一个中国孩子也在用小铲子把沙子往漏斗里装。但是中国孩子拿起漏斗，沙子从底部漏掉时，妈妈立刻蹲下说："来，妈妈教你！把漏斗对准瓶子口，再把沙子从这儿灌下去。"

中国的父母总是竭尽全力来预防孩子犯错，一旦犯错又竭尽全力让孩子避免惩罚，以为孩子犯错一定是父母教育不好，要替孩子受过。

作为父母，我们应该认真地反思一下：到底怎样帮助孩子？是代替他们做事，还是让他们自己做事？是处处表现父母行，还是让孩子证明自己行？在孩子成长的舞台上，父母是充当导演，还是做观众？

左边美国小孩的母亲做出了生动的解答：做孩子忠实的观众！为孩子的成功喝彩！成长中的孩子，最缺少的是"观众"。如果有人欣赏自己，他们会劲头十足。

给孩子"知"的喜悦，会使因辛苦而产生的挫折感一扫而空。我们的父母，常常无意中剥夺了孩子从失败中获得经验的机会，也无意中剥夺了让他证明自己能力的机会。

请孩子帮帮忙

为了学习，很多父母都不让孩子从事家务劳动，没有培养孩子从小热爱劳动的品格。须知，让孩子自己整理个人的小床、倒掉废纸篓、除草、打扫卫生等这些劳动，既能提高孩子的动手能力，也可以增强孩子的各种情感体验。事实证明，不做家务劳动的孩子，在长大成人后可能会有各种性格上的缺陷。

孩子在做家务的同时，也是培养其正确的劳动态度的过程。热爱劳动不仅仅靠的是理论说教，更多的是让孩子在劳动过程中体验。对孩子来说，劳动实践是学习知识、了解认识社会的重要途径。孩子日常的家务劳动锻炼正是难得的学习机会。如果在他的记忆中只有书本知识堆砌，没有运用知识指导实践的体会，很难激发出孩子进一步的求知欲望和热情。

孩子的劳动习惯与自立、自理能力是连在一起的。相关分析表明：家务劳动时间与儿童的独立性有显著关系，即儿童劳动时间越长，其独立性越强。我们无法想象一个孩子在家里什么活儿都不干，当他离开父母的时候，能够游刃有余地在复杂的社会中生存发展。劳动不是光靠抽象的理解就可以胜任的，需要经历一个由生到熟、由简到繁的实践锻炼过程。

如果孩子从小没有得到最基本的劳动锻炼，就不会懂得劳动果实是多么来之不易。很简单的例子，假如孩子自己不洗衣服，就不可能理解大人洗衣服的辛苦，也不会注意保持衣服的清洁，即使大人告诉他几百次，他仍然不会注意。这就在无形之中为亲子间的体谅和沟通设置了障碍，也使得父母终日辛劳不得解脱，却难以得到孩子应有的情感回报，让人产生"可怜天下父母心"的感慨。

由于劳动的缺乏，许多孩子不懂得珍惜拥有的物品，看不起体力劳动，看不起从事体力劳动者，这对他的健康成长非常不利。

相比较而言，美国父母在这方面做的要比中国父母好。在普通的美国家庭中，每一位成员必须完成他们一定的家务劳动，像洗脸、刷牙、穿衣服这些生活自理方面的事，则属于孩子自己的事情，称不上是家务劳动。

美国父母给孩子分派家务劳动时很注意孩子的接受能力。每一位5岁以上的

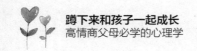
孩子都可以做上一两件家务活儿；小一点的孩子可以取报纸和信件；十几岁的孩子则可以用吸尘器除灰，每天早晨帮着开洗衣机等。

大部分美国孩子常做的家务劳动有以下几种：

帮助父母安装或修理一些旧东西。当孩子将旧东西一件件拆除的时候，他必须注意记住各部分的结构和组合，这能挑战孩子的记忆力。

帮助父母换掉水龙头中用旧的垫子、更换保险丝、安装挡风窗户等。通过这些工作，父母往往把自己的一些生活技巧教给孩子。

除此之外，还有打扫卫生、整理花园或庭院、洗衣缝补等家务劳动。

这些工作的分配并不是父母随心所欲的，他们有着科学严谨的方式：

每周一次，列出每个孩子所要做的家务劳动及其内容，以便把握好劳动量，不让劳动成为孩子的负担。

确定每项任务的期限和次数。如果垃圾需要星期一和星期四去倒，把它写在单子上。某些家务活轮流去干，这样能让每个孩子都有机会去做没兴趣以及最容易干的工作。

检查孩子的完成情况。既可以督促孩子，也能让孩子产生完成任务的成就感。

列出父母应做的事情。不能让孩子有一种不公平感，认为父母只是在吩咐他们去做家务，父母应该使孩子知道自己做的工作比他多得多。

向做家务的孩子道谢。父母要经常告诉孩子对他们的帮助多么感激，这种发自肺腑的真诚感谢会令孩子更积极地成为父母的好帮手。

通过和父母一起承担家务劳动，父母可以让孩子知道：只有通过自己的劳动，人们才能享受真正的人生，享受真正的生活，才能体验到创造的快乐。

路径依赖
从小养成良好的习惯

孩子的习惯就像是走路，如果人们选择了一条道路，就会一直沿着这条路走下去。因此，从小培养孩子良好的习惯将影响孩子的一生。

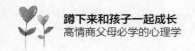
路径依赖

孩子的习惯就像是走路，如果人们选择了一条道路，就会一直沿着这条路走下去。因此，从小培养孩子良好的习惯将影响孩子的一生。惯性的力量会使孩子不自觉地强化自己的选择，并让其轻易走不出自己选择的道路，生活中的这种现象就被称为"路径依赖"。

"路径依赖"类似于物理学中的"惯性"，日常生活中普遍存在着这种自我强化的机制。一旦人们选择走上某一路径，就会在以后的发展中进行不断的自我强化。关于"路径依赖"的一个广为流传的例证是：现代铁路两条铁轨之间的标准距离是怎样确定的。

这要从古罗马说起。古罗马时代，牵引一辆战车的两匹马的屁股的宽度恰好是四英尺又八点五英寸（约1.4米），因此，罗马人以四英尺又八点五英寸作为战车的轮距宽度。

当时的整个欧洲，包括英国的长途老路都是罗马人为他们的军队所铺设的，因此，四英尺又八点五英寸成了英国马路辙迹的宽度。任何其他轮宽的车子在这些路上行驶的话，轮子寿命都不会很长。所以，如果马车用其他轮距，它的轮子会很快在英国的老路上被撞坏。

最先造电车的人以前是造马车的，所以电车的标准是沿用马车的轮距标准。而早期的铁路是由建电车的人所设计的，因此，四英尺又八点五英寸成了现代铁路两条铁轨之间的标准距离。

更为奇妙的是，人们的这个习惯影响到美国航天飞机燃料箱两旁的两个火箭推进器的宽度。这是因为这些推进器造好之后要用火车运送，路上又要通过一些隧道，而这些隧道的宽度只比火车轨宽一点，因此火箭助推器的宽度是由铁轨的宽度所决定的。

所以，最后的结论是："路径依赖"导致两千年前两匹马的屁股的宽度决定美国航天飞机火箭助推器的宽度的现象产生。

在一定程度上，人们的一切选择都会受到"路径依赖"的影响，人们过去做出的选择决定了他们现在可能的选择。因此，"路径依赖"理论被总结出来之后，就被人们广泛应用在选择和习惯的各个方面，包括父母该如何培养孩子的习惯。

对于孩子的未来，同样需要做好路径选择。父母应该培养孩子正确的路径选择观点，让他们从小就懂得取舍，追求生活的真正意义。

为什么牵大象要用细绳，而牵小象却用粗绳？

不好的习惯就像缠在身上的铁链，它无形地限制着你的行为，阻碍你突破自己，走向成功。

在印度或泰国随处可见这样的情景：一根小小的柱子，一截细细的链子，拴得住一头千斤重的大象。人们也发现：牵一头大象，用一条细绳就可以了；而牵一头小象，却需要粗绳。

这是因为那些驯象人在大象还是小象的时候，就用一条铁链将它绑在水泥柱或钢柱上，无论小象怎么挣扎都无法挣脱。小象渐渐习惯了不挣扎，直到它长成可以轻而易举地挣脱链子的大象，它也不挣扎，细小的绳子就可以使它听话。而小象则不同，它没有形成被约束的惯性思维，尽管力量小，却比成年大象危险。

大象已被约束惯了，它没有想过自己的力量足以挣脱绳子的控制。约束大象的不是那截细细短短的木桩，而是它用奴性建筑的牢狱，用惯性打造的枷锁。所以说，小象是被链子绑住的，大象则是被习惯绑住的。

同样的例子还有动物园的狮子。如果一头狮子在铁笼中待久了，哪怕管理员放它出去，它也不愿意。它没有看到，在笼外，有着多么辽阔的世界。而只是觉得外面太陌生了，还是笼中更安全。大象和狮子都是地球上重量级的动物，但也臣服于一个小小的固有观念，可见习惯的力量多么可怕。

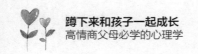
早在很久以前，佛教中就有"知见障"一说。意思是：有时候，我们的知识、见识或者过往经验会成为我们了解真相的障碍。虽然人的智商明显会高于动物，但是习惯的力量同样存在。

人类时时处处都在无意识中培养习惯，这是人的天性。潜移默化中，我们都要受习惯的影响，习惯既可以为我们效力，也可以扯我们的后腿。

比如懒散的习惯、喝酒的习惯以及其他各式各样的坏习惯会束缚、控制我们大量的时间，它们占用的时间越多，留给我们自己可利用的时间就越少。所谓"烦恼易断，习气难改"，这时，习惯就像寄生在我们身上的病毒，慢慢吞噬着我们的精力与生命。

被习惯束缚了的人，已经成为习惯的奴隶，碰到任何事情，都想把它们嵌进习惯的框框中，再也无法想出新奇的思路，产生独特的想法。习惯阻止他们思考与创新，任何事都变成习惯性，渐渐地，他们也就会失去探索和寻求更好方法的欲望。这时习惯就成了惰性的别名。

坏习惯通过不断重复，由细线变成粗线，再变成绳索，最后又变成链子，直到成了不可迁移的习惯与个性，这时，人再想改就需要付出加倍的努力了。

所以，习惯有时是很可怕的东西。人类行为的百分之九十五是透过习惯做出的，但现实情况是大多数人远远不肯承认习惯对人类的巨大影响。

正如一位哲人所说：首先，我们培养习惯；后来，习惯塑造我们。只有"无知者无畏"，就如那些小象。

别把"点金石"扔进水里

一位美国作家说：播种行为，收获习惯；播种习惯，收获性格；播种性格，收获命运。一种好习惯可以成就人的一生，一种坏习惯也可以葬送人的一生。

习惯是成败的关键。事实上，成功者与失败者之间唯一的差别在于他们拥有不一样的习惯。人类所有优点都要变成习惯才有价值，即使像"爱"这样一个永恒的主题，也必须通过不断的修炼，变成好的习惯，才能真正化为行动。

　　试想，一个爱睡懒觉、生活懒散没有规律的人，他怎么约束自己勤奋工作？一个不爱阅读、不关心身外世界的人，他能有怎样的胸襟和见识？一个自以为是、目中无人的人，他如何去和别人合作、沟通？一个杂乱无章思维混乱的人，他做起事来的效率会有多高？一个不爱独立思考、人云亦云的人，他能有多大的智慧和判断能力？

　　好习惯实际上是好方法——思想的方法，做事的方法。培养好习惯，就是在寻找一种成功的方法。一个人的坏习惯越多，离成功越远。很多好的观念、原则，我们"知道"是一回事，但知道了能否"做到"是另一回事。这中间必须架起一座桥，这桥便是习惯。

　　从前有一个穷人，偶然花了几个铜板买了一本书。书本身没有什么神秘之处，但书里面却藏着一个天大的秘密：里面一张薄薄的羊皮纸上，写着点铁成金石的秘密。

　　小纸片上写着：点铁成金石就是一块圆圆的小石头，它能把任何普通的金属变成纯金。你可能在黑海边找到它，它的外观跟海边成千上万的石头没什么两样。关键在于：奇石摸起来是温的，而普通的石头摸起来是冰凉的。

　　于是，穷人变卖了所有的家当，露宿于黑海岸边，立志找到这块神奇的点铁成金石。

　　为了避免重复的劳动，穷人决定，每当捡起的是一块冰凉的石头，就扔到海里。

　　一天过去了，穷人捡的石头中没有一块是书中所说的奇石。

　　一个月，一年，二年，三年……穷人还是没找到那块奇石。但是，穷人并不气馁，继续捡石头，扔石头……没完没了。

　　突然有一天早上，他捡起一块石头，先一摸，是温的，然后他就随手把它扔进了海里。因为这个扔石头的动作太具习惯性了，以至于当他梦寐以求、苦苦寻觅的奇石出现时，他仍然毫不考虑地把它扔到了海里。

　　英国教育家洛克说：习惯一旦养成之后，便用不着借助记忆，很容易很自然地就能发生作用了。

　　拿故事中的穷人来说，他多少年风餐露宿，苦苦寻觅，为的就是那块点铁成金石。可是当他找到后，他却随手扔到了海里。不是他不想要那块奇石，而

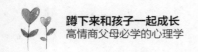

是往海里扔石头的习惯性动作迫使他做出了令人遗憾不已的蠢事。多年点铁成金梦，也因为坏的习惯，而像肥皂泡一样顷刻破灭了。

培根说："习惯真是一种顽强而巨大的力量，它可以主宰人生！"对于孩子来说，要成就学业、事业，要拥有美好人生，必须养成一种好的习惯，否则，也可能把点铁成金石扔进海里，而且是不由自主的。

美国科学家曾发现，一个习惯的养成需要21天的时间，一旦孩子养成某个习惯，就意味着他将终身享用它带来的好处。很多成功人士敢扬言即使现在一败涂地也能很快东山再起，就是因为他们养成的某种习惯锻造了他们的性格，而性格造就了他们的成功。

正如奥格·曼狄诺所说：事实上，成功与失败的最大分野，来自不同的习惯。好习惯是开启成功的钥匙，坏习惯则是一扇向失败敞开的门。注重习惯的力量，从小培养孩子良好的习惯吧！这对你孩子的一生都有重要影响。

让孩子自己动手吧！

良好的习惯是可以通过教育来实现的。所谓习惯，就是经过重复练习而巩固下来的思维模式和行为方式，例如人们长期养成的学习习惯、生活习惯、工作习惯等。常言道：习惯养得好，终身受其益。少小若无性，习惯成自然。可见，习惯是由重复制造出来，并根据自然法则养成的。

在当前社会竞争激烈的大环境下，培养孩子的良好习惯对孩子的身心健康和谐发展有着深远的意义。

幼儿期是培养习惯的最佳期，在这段时期内，培养孩子良好的行为习惯和生活习惯更为容易。古代家教思想中提出了"教子婴孩""早谕教"，这表明，在孩子无所知、无所疑时，进行教育是容易的。

家庭是孩子成长的第一环境，是孩子习惯形成的摇篮，6岁前的儿童与家庭的关系更为密切、长久，因此，家庭对孩子的影响也更多更大。父母培养孩子养成良好的习惯也就更为重要和有意义。

　　豆豆的爸妈在外地工作，豆豆自小生活在爷爷奶奶身边，倍受宠爱。就算豆豆上幼儿园的时候，两位老人也天天抱着孙子来幼儿园，一步不离孙子，做孙子的"保护神"，为孙子服务：帮上厕所的孙子脱裤子；帮孙子冲奶粉，一勺一勺地舀给孙子喝；中午吃饭，爷爷奶奶一个喂菜一个喂饭，数着米粒往孙子的嘴里添；睡午觉时爷爷奶奶要给孙子脱下衣服、鞋子，盖上被子，哄孙子睡着后，才轮着打个盹……

　　直到有一天，幼儿园组织了家长开放活动，看到豆豆不会洗手，不会用杯子接水喝，不会脱鞋子，不会擦鼻涕……总跟着别人后面拖拖拉拉，老人才真正意识到娇惯对孩子的危害。

　　可见，作为儿童第一任教师的父母，更应该积极为儿童创造适宜的家庭环境，通过日积月累，让儿童的良好生活习惯在不知不觉中形成。

　　生活习惯和学习习惯的培养是一脉相承的，一些学习习惯不良的孩子，往往在生活上也有许多不良习惯。因此，培养习惯应该从点滴生活小事做起。儿童正处于生理、心理快速发展的重要阶段，处于形成各种习惯的关键时期。从小养成良好的习惯，一辈子受用不尽。

　　美国学者特尔曼从1928年起对1500名儿童进行了长期的追踪研究，发现这些"天才"儿童平均年龄为7岁，平均智商为130。成年之后，又对其中最有成就的20％和没有什么成就的20％进行分析比较，结果发现，他们成年后之所以产生明显差异，其主要原因就是前者有良好的学习习惯，强烈的进取精神和顽强的毅力，而后者则缺乏。

　　在现实中，有的父母还没有充分认识到孩子习惯培养的重要性，认为"树大自然直"，这种"自发论"对孩子的成长是极为不利的。

家庭教育也讲文化氛围

　　孩子从小养成良好的习惯，能促进他们的生长发育，更好地获取知识，发展智力。良好的学习习惯能提高孩子的效率，保证学习任务的顺利完成。从这

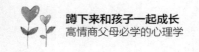
个意义上来说，它是孩子今后事业成功的首要条件。

布莱克夫妇有3个可爱的孩子，3个孩子乖巧伶俐，学习很是自觉，布莱克夫妇因此深得邻居羡慕。

其实，孩子们良好的学习习惯是在布莱克夫妇的用心教育下逐渐养成的。布莱克夫妇很注重培养孩子的良好习惯。大儿子还很小的时候，布莱克夫妇就经常和儿子围坐在一张桌子上，教孩子画画和识字，养成一起愉快游戏并学习的习惯。

在他们有了第二个孩子以后，一起学习的好习惯仍然保持着，哥哥读书时，弟弟就在旁边学画画儿，爸爸妈妈一有空就围在桌边跟他们一起学习。

之后，又一个小妹妹出生了，妹妹渐渐长大，也跟着哥哥们开始自觉地学习。当妹妹开始在桌上学画画时，大哥哥就到另一张桌子上去独自学习。

看到哥哥每天独自一人学习，弟弟妹妹们也有样学样。没过多久，老二也自己找了一张专用的桌子，每天主动的学习。之后，最小的妹妹也在两个哥哥的榜样作用下，找了一张自己的桌子，开始独自学习起来。

年幼时养成的这些生活习惯，都是很"顽固"的。家长如果能像布莱克夫妇一样，静下心来，多花费些时间和精力，和孩子们一起围坐在桌前娱乐一番，不久就会养成孩子平心静气伏案学习的自觉性。

任何一种习惯的培养都不是轻而易举的，都要遵循循序渐进、由浅入深、由近及远、由渐变到突变的原则。因此，父母要明白，习惯要从小开始培养。在孩子幼儿期，帮助他们形成良好的基本生活习惯，这一点对父母和孩子同样重要。否则等孩子们到了自我意识渐渐形成的年龄，父母过多的指令就会比较容易遭到孩子的反抗。

习惯也分好坏。年幼时如果养成了不好的习惯，也很顽固不易改掉，这样就不利于孩子的成长健康。所以，父母要摒除恶习，鼓励孩子养成好的习惯。好的习惯养成并不是一件容易的事情，它需要父母和孩子双方面的努力。

首先，父母必要时要强制和约束自己的孩子。"强制出习惯"是个不折不扣的真理！好习惯不是与生俱来的。例如我们现在都说要饭前、便后洗手，这个好习惯是经过父母或他人的数次强制和纠正才得以养成；新加坡素有"花园城市"的美名，市民的自律习惯更是让人称叹，但当时这些习惯的培养甚至动用了警察、监狱等国家机器来强制执行！可见，在养成好习惯，去除坏习惯的初期必须靠父母的强制作用进行约束。

此外，好习惯的养成要靠孩子自己的努力和决心。除了制度的约束、教育的陶冶外，孩子需要依靠自己的决心和勇气，而决心和勇气的来源就要归结于家庭文化，即一个好的家庭氛围。

文化是一种更为强大的自然整合力，超越了制度的强制力、习惯的恋旧性，它强大得无须再强调或者强制，它不知不觉地影响着每个人的心理和精神，从而最终成为一种自觉的群体意识。

试想一下：在一个积极向上的文化氛围中，孩子怎么可能总睡懒觉？在一个团结合作的文化氛围中，孩子怎么可能自以为是、目中无人？在一个开拓创新的文化氛围中，孩子怎么会唯唯诺诺、人云亦云？

习惯的培养要使用恰当的批评和表扬。要想培养孩子们良好的生活习惯，要使用恰当的批评和表扬用语。培养孩子的基本生活习惯，教给他们自我保护的基本技巧，是我们表扬、批评孩子时的一个很重要的目的。

倒U形假说
给孩子适当的压力

当一个人一点儿都不兴奋时,他根本没有做好工作的动
力;相应地,当一个人处于极度兴奋时,随之而来的压力
可能会使他完不成本该完成的工作。只有当一个人处于轻
度兴奋时,才能把工作做得最好。

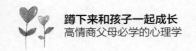

倒U形假说

耶基斯和多德林是最早研究工作压力和工作业绩之间关系的科学家。在他们早期对老鼠的研究中显示：工作压力与业绩之间存在着一种倒U形关系，这就是著名的"倒U形假说"，也称"耶基斯和多德林法则"。

倒U形假说认为：对于处在各种工作状态的人来说，过大或过小的压力都会使工作效率降低，只有最佳的刺激力才能使业绩达到顶峰状态。也就是说，压力较小，工作缺乏挑战性，会使人处于松懈状态，因而工作效率不高；当压力逐渐增大，压力成为一种动力时，它激励人们努力工作，逐步提高工作效率；当压力等于人的最大承受能力时，人的效率达到最大值；但如果压力超过了人的最大承受能力，压力就会成为阻力，效率也随之降低。

法国心理学家齐加尼克曾做过一个实验对这个假说进行求证：

齐加尼克把自愿受试者分为两组，让他们去完成20项工作。其间，齐加尼克对一组受试者进行干预，使他们无法继续工作而未能完成任务，而对另一组则让他们顺利完成全部工作。

实验结果显示：虽然所有受试者接受任务时都显现出一种紧张状态，但顺利完成任务者，紧张状态随之消失；而未能完成任务者，紧张状态持续存在，他们的思绪总是被那些未能完成的工作困扰，心理上的紧张压力难以消失。

良性的压力会驱使人们工作更加卖力，把事情做得更好。世界网坛名将贝克尔之所以被称为"常胜将军"，其秘诀之一就是在比赛中自始至终防止兴奋过度，保持着半兴奋状态。所以有人亦将"倒U形假说"称为"贝克尔境界"。

而负面压力或压力过重则会带来不良影响，引起生理和心理上的病症。比如一个人若长期处于压力或过重压力之下，他的身体最终会因无力招架而崩溃。他可能会患上冠状动脉心脏病、高血压等生理疾病，或者抑郁症和焦虑等心理疾病。同时，过重压力还有可能导致个体行为改变，如酗酒或服用镇静剂。

孩子的成长也符合倒U形假说。在孩子的学习过程中，如果孩子的负担过重，长期处于紧张状态，学习效果就会越来越差。作为家长，父母必须重视这一效应，采取有效措施，既不要对孩子提出过多、过高的要求，也要设法帮助孩子按时完成任务，适当缓解孩子的紧张情绪，让孩子学得愉快。

要做到这一点，父母必须对孩子的能力和心理承受能力有一个恰当的估计，改变那种"压力越大，效率越高"的错误观念。最好的办法是找到一个最佳点，并以此为标准：当孩子压力较小时适当增加压力，当孩子压力较大时缓解压力。

欹器的故事

很多家长都清楚地知道激励的作用，但对于如何把握"度"的问题仍存在误区。有人认为，巅峰的情绪就是最佳的工作状态，只有情绪达到巅峰才能让人保持积极向上的心态，因此必须让孩子一直保持巅峰的情绪状态。实际上这种想法大错特错！激励必须讲究分寸，要适度。与倒U形假说相似的是，中国有一个侧翻的欹器的故事，同样说明问题：

孔子有一次带弟子们到鲁国的祠庙参观，子路看到一个形状很不规则的容器歪歪斜斜地放在几案上，于是很好奇地问孔子："这是什么器皿呢？"

孔子说："这是欹器，是放在座位右边，如'座右铭'一般用来伴坐的器皿，它是用来警戒自己的。"

见弟子们对其不以为然，孔子说："子路，你往里面倒水看看！"

子路好奇地把欹器摆在一个果盘里，然后从外面端来一杯水，慢慢地向这个可用来装水的器皿里灌水。令大家惊奇的事情出现了：当水装得适中的时候，这个器皿就端端正正地立在那里。不一会，水灌满了，它就翻倒了，里面的水流了出来。再过了一会儿，器皿里的水流尽了，就倾斜成原来一样歪斜在那里。

孔子感叹地说："哪有满了不倒的呢？"

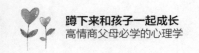
敬器没有装水时歪了，而装满水又会倾覆翻倒，只有水装得适中，不多不少的时候才会端正。从教育的角度看，这也说明了激励一定要适度，适可而止。

任何人要想做成一件事情，必须要兴奋起来。只有在兴奋的时候，一个员工才能表现得自主、乐业、爱心、责任和创新。当一个人一点儿都不兴奋时，也就没有完成任务的动力了。

但是兴奋与过度兴奋不同，过犹不及。当人受到激励后，如果外表仍然很平静，但内心却充满激情，这是完成任务的最佳状态；而当人处于极度兴奋状态时，肾上腺激素大量分泌，随之而来的身心压力，会使他完不成在正常状态下能够完成的任务。

热情中的冷静让人清醒，冷静中的热情使人执着。激励孩子也是如此，一个善于让孩子时刻处于"贝克尔境界"的家长，才能算掌握了激励的诀窍。

小和尚打油的启示

从前有一个小和尚，这天，庙里的厨师让他去打油，并且严厉地一遍又一遍地向他交代："你一定要小心，绝对不可以把油洒出来，否则罚你做一个月苦力。"

小和尚答应着，胆战心惊地下了山。在厨师指定的店里打好油后，小和尚踏上了回寺的路程。一路上，小和尚都在想着厨师凶恶的表情和严厉的告诫，小心翼翼端着装满油的大碗，每一步都走得提心吊胆。

眼看走到庙门口，没想到一不留神，小和尚一脚踩进一个大坑里，碗中的油洒掉了三分之一，他越发紧张，手脚也开始发抖。等见到厨师时，碗中的油只剩下一半了。

厨师自然很是生气，他怒气冲冲地骂小和尚是个笨蛋，都交代过要小心了，还是洒了这么多！

难过的小和尚边走边哭，碰到了方丈，他了解事情的经过以后，慈祥地对小和尚说："我再派你去买一次油，这次我要你在途中多观察你看到的人、事、物，并且回来向我详细描述。"

第二次打油归来，在回寺的途中，小和尚遵照方丈的嘱咐观察路边美丽的风景，雄伟的山峰，耕种的农夫，欢快的孩子在路边的空地上玩耍，两位白发老先生兴致勃勃地下棋……

就这样小和尚不知不觉回到了庙里。当小和尚把油交给方丈时，发现碗里的油一点儿也没洒出来。

厨师苛刻要求，给小和尚带来无比的紧张，结果是"油洒了一半"；方丈在意的是过程，结果小和尚心情放松，碗里的油一滴未洒。

父母对孩子的教育是不是也应该这样？给孩子要求，但是不要给孩子太大的压力，孩子才能心情放松地去学习和生活，也才能"一滴未洒"。

贺爸爸的教女经

其实，小和尚第一次打油之所以掉了一大半，是因为压力太大而进入"瓦伦达心态"。那什么是"瓦伦达心态"呢？

瓦伦达是美国著名的高空走钢丝的表演者，他一辈子表演都很成功，但在一次重大的表演中，却从钢丝上掉下来摔死了。事后他的妻子说："我知道这一次一定要出事，因为他上场前总是不停地说，这一次太重要了，不能失败，绝不能失败。而以前每次成功的表演，他只想着走钢索这件事本身，而不去管这件事可能带来的一切。"

瓦伦达的失败，其实是败给了自己。他一心想着事情能不能做好，而无法专注地去做事，因而就无法获得成功。后人把这种不能专注做好眼前事情，患得患失的心态称为"瓦伦达心态"。

美国斯坦福大学的一项研究也表明，人大脑里的某一图像会像实际情况那样刺激人的神经系统。比如，当一个高尔夫球手击球前一再告诉自己"不要把球打进水里"时，他的大脑里往往就会出现"球掉进水里"的情景。这一情景会指挥他的行动，结果事情不是向他希望的那样发展，而是向他害怕的方向发

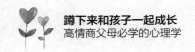

展——这时候，球大多都会掉进水里。

仔细观察，我们会发现"瓦伦达心态"无处不在。过分在意名次的运动员往往失利，过分在意表现的演员容易失常……

在我们的日常生活中，"瓦伦达事件"也在不断重演。每次高考成绩一出来，就会有好多学生到心理医生那里寻求帮助。原因是好多原本在学校里成绩不错的孩子在高考时失利，一些人甚至连专科线也没过。

在分析失败的原因时，一个曾经是县重点高中的佼佼者，最后竟连专科线也没过的高考生说："我的压力太大了，我是全校的前几名，许多人都关注我，我要考北大，我经不起失败的打击，我常常告诉自己，挺住，绝不能失败。过度的紧张使我焦虑不安，彻夜难眠，无端的恐惧不时袭上心头。高考前一天晚上，我甚至失眠。这样子又怎么会发挥正常？"

生活往往是这样，父母把全部希望系于孩子，最终什么都得不到。因为，引领孩子成长的不是父母，而是孩子自己的心态。

许多孩子害怕考试，但是贺洋溢这个小女孩却偏偏不怕考试。在中国教育电视台"知心家庭"演播室接受采访时，她曾这样回答主持人关于不怕考试的奥妙，她说："我觉得考试只是一种测验，通过测验可以向大家展示自己的能力，所以我不怕考试。"

贺洋溢活泼开朗的性格和父母的心态直接相关。父母希望她自然成长，所以孩子轻松自在。

在那期的节目中，一同接受采访的贺爸爸说："我不是简单地要求女儿考一个好成绩，我主要教她解题的思路，这样她就能触类旁通。"

当主持人让贺爸爸从家长的角度介绍如何帮孩子在考试中放松时，贺爸爸说："一是不给孩子施加压力，营造一个轻松的学习氛围。二是在成绩不好的时候，孩子赴考要鼓劲。批评或者打骂容易对孩子造成心理负担。鼓励的话应该讲究方式，不能为鼓励而鼓励。另外，在孩子学习的过程中，让他扩展知识面，知识丰富了，学习自然就轻松。这些虽然与考试没有直接的关系，但对学习却有辅助作用。"

可见，当你已经开始做一件事的时候，就不要再考虑与做这件事无关的问题，不要让功利心和由此引出的担忧干扰你的行动。

专心去做事的时候，就不会再考虑成功或者失败。没有了成败的忧虑，人就自然变得轻松自如。害怕失败就是最大的失败。

是谁让"三脑袋"选择了不归路？

对于孩子，由于所能承受的压力有限，他们的生活目标应由他们自己来决定，不能本末倒置。作为父母，能提供的只是帮助和引导，而非制定目标由他们来实现。对孩子有过高的期望不仅会损害孩子的自信心，也是对孩子幼小生命的不尊重。

爱德华的父母在社会上都是有头有脸的人物，他们对爱德华倾注了很多心血，同时也为爱德华设置了极高的标准。在学习生活中，除了学校的功课，父母为他安排了许多课外活动：参加社区垒球队；参加男孩俱乐部；学习钢琴；参加学校的演讲竞赛……

爱德华是个懂事的孩子，他卖力地表现，希望自己能让父母感到欣慰。学校里的学习成绩自不在话下；在社区垒球队，他是主力队员；在男孩俱乐部，他是许多活动的组织者；他是钢琴老师最得意的学生之一；演讲竞赛活动他是佼佼者……爱德华的努力使他成为每个家长都非常羡慕的好孩子。

更让其他家长羡慕的是爱德华对人彬彬有礼、举止文雅，11岁就已显示出令人赞叹的绅士风度。但是爱德华有一般孩子在他这个年龄上没有的问题——他常常失眠，情绪稍有波动就难以入睡。

父母对爱德华的高标准是爱德华失眠的最根本原因。爱德华从小就为父母高要求所驱使。在父母的教育下，爱德华的生活目标是如何满足父母的要求，而非自身的幸福。他希望能让父母高兴，害怕自己让父母失望，虽然小小年纪，精神负担却非常沉重。

尽管爱德华努力达到了父母的目标，但由于他的出发点是取悦父母，而且觉得自己如果不再优秀，便会失去他们对自己的爱，有很强的不安全感，导致了生理上的不安，失眠也是在所难免。

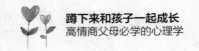

在一定程度上说，父母对爱德华的要求是自私的，他们并不考虑爱德华的切身利益，也许在他们看来，孩子的成功带给父母的荣耀才是最重要的。

每年的高考都会有很多这样的例子：不堪父母期盼重压的孩子选择以极端的方式来寻求解脱。

曾经在报上看过这样一则报道：有一个人称"三脑袋"的女孩子，学习特别好，物理、数学、化学经常都能考满分。女孩有一个梦想，那就是做新一代的居里夫人。但是高考填志愿时，在父母和老师的逼迫和劝说下，女孩报了一所以文科见长的全国重点大学。

女孩违心地上了那所学校以后，情绪一直不稳定，第一学期学校进行了三次考试，她的成绩都名列中下。过去，她一直是当地的"状元"，这样的结果给她带来了巨大的精神压力，第一学期还没结束，她便跳楼自杀了。她的母亲到学校来"接"她，欲哭无泪，一声接一声地喊："是我害了我的女儿！是我害了我的孩子！我当初为什么要逼她？"

有些孩子即使没有走上这种极端道路，但一直在"重压"下长大的孩子，内心世界仍然被自卑感笼罩着，不能自拔。

北京某所高校有个女孩，学习成绩一直是班里的前十名，照理说她不应该自卑。但实际上，女孩是在父母的打骂中长大的。每当她成绩下降时，父亲就让她脱掉裤子，用皮带抽她，直到流血，而且不许女孩哭，女孩只好忍着。最恐怖的一次，母亲捂着女孩的嘴，让父亲打她……这一幕幕恐怖的场景一直笼罩在女孩心头。

后来，女孩考进了北京大学。但是自卑的情绪一直笼罩着她，她心里一片灰暗，不能体会别人的感觉，因此经常和同学发生冲突。母亲很骄傲女儿在这所知名的学校上大学，可是过去的经历像大石头一样压得女孩喘不过气来，在别人面前，她无法克制自己的羞耻感。心理脆弱的她甚至常用小刀割自己的手腕……

有些孩子的父母也许会说，我并没有对孩子提出过高的要求，只是对他们表示关心而已。殊不知，有时关心也是一种压力。

让孩子放松心态，父母首先要做到不要对孩子过分"关心"。考试是孩子自己的事情，面对考试的来临，父母首先应该调整自己的心态，让自己先轻松起来。任何一件事（包括考试）都有成功和不成功两种可能，不要要求孩子一定要取得好成绩。在感到自己和孩子有压力的时候不妨和孩子聊聊，看看他们对成功与不成功有什么看法。

所有的孩子都是非常敏感的，父母的过分关心只会让他们增加对自己的期望值，更加紧张。在这种心态下，如果一旦发挥失常，他们自己都不能原谅自己，钻牛角尖，甚至做出极端反应。

如何给孩子减压？

每逢学校考试期间，不但孩子在承受应考的压力，家长也在一旁承受着陪考的压力，尤其是中考、高考等关键考试期间，一些家长甚至比孩子还要紧张。压力过重会影响孩子正常水平的发挥，因此，如何调整自己的心态，给孩子减压，帮助孩子以最好的状态备考赴考，成为每一个父母都必须面对的问题。

如何在考试阶段给孩子减压呢？

首先，家长要调整自己的期望，这是孩子压力的源头。

期望过高，不切实际，对孩子的杀伤力很大。家长不要给孩子过多或不切实际的期望，若孩子做不到，无形中会产生心理压力。因此，即使有期望，也应一步步达成，而不能是急于求成。

有些家长总是习惯把眼光放在孩子的弱点上，如果孩子数学不行，就一味地要求孩子努力专攻数学，考试前不停嘱咐一定要及格，甚至期望孩子考到90分。事实上，父母应协助孩子加强自己的长处。把焦点放在孩子的强项上，如孩子比较强的科目；这样才能有助于孩子减压。

同样是因为有了期望，家长会把孩子跟别的孩子进行比较，这招是"杀手锏"，会把孩子指引到错误的人生方向去。从事家长与儿童心理咨询的林明弘说："家长必须让孩子建立自信，发展出自我人格，走自己的路。"

其次，找个时间与孩子坐下来好好交谈，是缓解孩子紧张情绪的有效手段。温柔的语调，身体的触摸，传达着父母强有力的"关心"信息，有助于孩

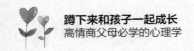

子放松身心，建立自信。

父母可以把家里的音量调低，关掉电视、电台，讲话轻声细语，或播放一些轻音乐，有助于孩子冷静下来备考。表达对孩子的关心与好意时，父母不能唠唠叨叨，否则会产生反效果。不如在旁观察，通过实际行动表示，如倒一杯茶水给孩子。

无论家长有多紧张，都应该尽量避免在考试期间，与孩子发生情绪上的冲突，增加孩子的压力。

减少压力，轻松备考的第三个手段就是：确保孩子作息正常。

考试压力过大的孩子可能会在考试期间或者备考期间出现乱发脾气、头痛、发烧、肚子不舒服，甚至失眠等状况。调节孩子身心平衡，让孩子和平时一样吃好睡好，不做噩梦，维持正常作息，孩子才能处于最佳备战状态。

如果孩子确实压力过大，那么父母就需要尽力缓解孩子的压力。和孩子一起做运动是个很好的办法，运动可以发泄压力。适当的运动，能够让孩子的紧绷状态松懈下来。几分钟的深呼吸，十分钟的暖身操，花半个小时去游泳、跑步，到公园散步，都是很好的解压方法。

破窗理论
给孩子一个好的环境

"近朱者赤，近墨者黑"，孩子的教育必须依赖环境，这种影响在低龄儿童中表现得尤为明显。后天良好环境的影响能够弥补孩子的先天不足，诱发内在的潜能，引导孩子向良好的方向发展。

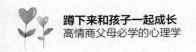
破窗效应

美国心理学家詹巴斗进行过一项有趣的试验：他把两辆一模一样的汽车分别停放在帕罗阿尔托的中产阶级社区和相对杂乱的布朗克斯街区。停在中产阶级社区的那一辆，停了一个星期也完好无损；而另一辆，他摘掉车牌，打开顶棚，结果不到一天就被人偷走了。后来，他把那辆完好无损的汽车敲碎了一块玻璃，结果，仅过了几个小时车就不见了。

以这项试验为基础，美国政治学家威尔逊和犯罪学家凯林提出了一个"破窗理论"。他们认为：如果有人打坏一栋建筑上的一块玻璃，又没有及时修复，别人就可能受到某些暗示性的纵容，去打碎更多的玻璃。久而久之，这些窗户就会给人造成一种无序的感觉。结果，在这种麻木不仁的氛围中，犯罪就会滋生、蔓延。

在我们的日常生活和工作中也可以发现类似的情况：在十字路口等红灯的时候，如果前面的少数人都规规矩矩等红灯结束，那大家都会安然等在那里；但如果有一个人稍微向前走了一步，那么大家就都会迫不及待地冲过红灯路口。实际上，这就是一种环境暗示和诱导所起的作用。

"偷车试验"和"破窗理论"更多的是从犯罪的心理去思考问题，但不管把"破窗理论"用在什么领域，角度不同，道理相似：环境具有强烈的暗示性和诱导性，必须及时修好"第一扇被打碎的窗户玻璃"。

科学家经过研究发现：人的大脑发育过程是不断发展、不断变化的，因为它必须适应环境，并对环境产生反应。对于教育来说，孩子的成长必须依赖环境，就像植物离开阳光雨露就不能生长一样，是永恒的法则。因此，教育最重要的因素之一就是创造一个尽可能好的环境。

有一句俗语是"近朱者赤，近墨者黑"，人在成长中难免会相互影响，这种影响在低龄儿童中表现得尤为明显。后天良好环境的影响能够弥补孩子的先天不足，诱发内在的潜能，引导孩子向良好的方向发展。

狼童的故事

意大利教育家蒙台梭利将"环境"比拟于人的头部，借以强调环境对小孩的重要性。在她看来，人类的一切成长都与头部有关，因为头部是发号施令者，控制着生理与心理上的发展成熟度。环境对个人的影响实际上远比遗传重要，它甚至可以决定一个人的智愚和成败！

1920年，在印度的东北部发现了两个女狼童，一个8岁，一个2岁。因为从小与狼一同生活，她们的生活习性完全与狼一样：口不会吸吮，两手不会抓东西，甚至连声带也发生了变化；夜晚常常不睡觉，只是不断地吼叫；不会站着走路，只会爬行；耳朵亦如狼耳，常常会动（人的耳朵一般不会动）。一切的生活方式均显示出不能适应人类生活。

经过几年人类文明的教导，年纪较小的妹妹比姐姐显示出更强的适应能力。在17岁时，在狼群中待了8年的狼童姐姐去世了。经过9年的文明教导，她仍旧无法成为正常的"人"。

在本质上，两个狼童都是人类，但因为从小没在人类环境中长大，因而也就发展不出人类的特性。如果个人的成长与环境不能适应，人的基本能力便无从发展甚至消失，严重的甚至不能生存。正如前面提到的狼童，她们不但失掉了人的本性，而且即使将她们带回"人"的世界后，也无法适应人类的生活方式，生命非常的短暂。

可以说，任何事物，包括万物之灵的人类，想要生存，都非得适应环境不可，适应环境是万物的一种本能。但人类适应环境的本能是有规律的，那就是随着年龄的增大，适应性越来越弱，反过来也就是说，在幼儿时期，环境对人的影响则更深、更广，更加顽固一些。

在动物中，生活在沙漠上的骆驼，它们为了适应早晚温差大的气候，生理上就发展出了各种特殊的器官。一个生长在英语系国家的孩子，他家附近住了许多墨西哥人，孩子的父母对西班牙文一窍不通，而他却能说得极为流利，实际上成人谁也没有教他，那完全是他自己从环境中自然学得的。

人一生下来，就有适应环境的本能，这种本能帮助他生存，甚至驱使他去

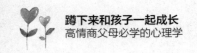
发展未来生存必备的生理或心理机能。也就是说，人类的各种智能与体能都是因为适应环境而增长的。假如能给儿童一个非常丰富、能提供学习刺激的"环境"，儿童在这环境中也能勤勉、多方面地去"适应"，那么儿童智能成长的速度和品质必将是很好的！

秀才与铁匠

从某种程度上说，一个人命运如何，取决于他所处的环境，没有环境的互动，铁匠永远不可能成为秀才。

有一年京城举行大考，一位应考的秀才早就准备妥当打算择日起程，但就在他要起程的前几天，妻子挺着肚子告诉他最近可能临盆。妻子的话打乱了秀才的日程安排，他想：如果我前去京城应考，只留妻子一人怕多有不便，况且万一临盆时没人照应，岂不危险？思来想去，秀才也没有想出一个万全之策，于是他决定带妻子一同前往，希望能在赶到京城之后再生产。

谁知一路的奔波劳顿动了胎气，妻子在路上阵痛起来，眼看就要生产了。沿途住家稀少，勉强前行了一段路，才看到一处人家，秀才急忙上前敲门。

这户人家以打铁为业，刚巧铁匠的老婆也正要生产。秀才看到这种情景心底踏实了许多，现成的接生婆正好顺道帮妻子接生，免去了许多麻烦。

当天晚上，秀才的妻子和铁匠的老婆先后各产下一个儿子，母子皆平安。两个男婴算来竟是同年同日同一时辰生下的。

岁月轮回，一转眼，16年过去了，秀才和铁匠的儿子都长大了，秀才的儿子没有辜负父亲的期望，考上了秀才。老秀才高兴之余，想起铁匠的儿子与自己儿子的生辰八字相同，想来也是有个锦绣前程吧。

回想当年铁匠收容妻子临盆之恩，秀才便准备礼物，专程去拜访铁匠。等到了铁匠家，只见老铁匠坐在门口吸着旱烟，秀才将礼物呈上，并问起了老铁匠的儿子。老铁匠指了指门内，说道："喏，在干活呢！"

秀才顺着铁匠的指引，看到屋内有一个年轻人精赤着上身正忙着打铁。

"是他，这可奇怪了。按命理说来，你儿子和我儿子生辰时刻相同，八字也一样，理应此时也该是个秀才才是，怎么会……"秀才满脸诧异。

铁匠大笑："什么秀才，这小子从小跟着我打铁，大字不识一个，拿什么去考秀才啊！"

生活环境影响着个人的命运，尤其是在孩子幼小的时候，他所接触的环境就是他直接学习的对象，就像故事中秀才的儿子和铁匠的儿子，即便他们是同年同月同日甚至同一时辰出生，不同的家庭环境仍决定了他们不同的成长方向。如果你的家庭环境不够好，你的孩子的命运可能就要受此影响。

才是怎样炼成的？

每个孩子都无法脱离父母单独成长。对一个孩子来说，家庭教育是所有教育中最为核心的一部分，只要家庭教育效果显著，完全可以培养出合格的人才，甚至是天才。孩子的所有能力并非无中生有，更不是从天而降，而是在特定的环境中逐步培养出来的。

信美和奇太是信州松本才能教育分部的学生，两人都是3岁那年到学校来学小提琴的，同样年龄同样时间入学，他们的学习成绩却相差很大，小提琴演奏水平大相径庭。

4个月后的学校汇报音乐会上，信美和同学们合奏了《闪闪星星变奏曲》，这是他4个月来的学习成就，这样的进度对一个3岁的孩子来说，属于普通水平。出类拔萃的奇太则独奏了一曲巴赫的《小步舞曲》。在4个月的学习中，他掌握了13首曲子，其中还有难度很大的巴赫的曲子。这样的成绩和速度对一个仅仅3岁的孩子来说，的确让人非常惊讶，更难得的是奇太的琴声优美动听，音符准确而且富于激情。

两个孩子的成绩悬殊之大，让老师觉得匪夷所思，他决心找出其中的原因。

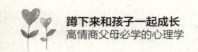

老师自认为自己的教学非常认真、公平，信美和奇太各自的学习也都很认真，所以，从主观上来说，他们之间是不存在差距的。而且，最重要的是即使奇太在家里用了更多的时间来练习，但他仅仅用4个月的时间，就能学会13首曲子，并且演奏得这么纯熟优美，对一个才3岁大的孩子而言是多么不简单啊。

汇报音乐会结束后，老师分别找信美和奇太的父母谈话，终于搞清楚了造成两个孩子差距的原因：

信美3岁之前从没有听过小提琴曲，他听的第一支小提琴曲就是老师拉的《闪闪星星变奏曲》。

奇太的姐姐加代曾经也是老师的学生，据奇太妈妈讲，当奇太躺在摇篮里还不会说话的时候，就在一边听姐姐拉琴了，也就是说，从奇太出生到学琴之前，他几乎每天都能听到姐姐拉琴，这个才能出众的孩子因为有姐姐作为榜样，所以无意之中培养了内在能力，也就是说，对他姐姐的教育出乎意料地延伸到他身上了。

这显示了家庭环境对孩子能力发展产生的巨大影响。与此非常相似的是，莫扎特也是因为听了姐姐弹的钢琴曲，才培养出了过人的音乐才能。

因此我们可以大胆地提出这样的论断：只要我们能给孩子提供一个良好的教育环境，他们一定能发挥出让人震惊的才能。天才就是孩子在家庭环境中耳濡目染的必然结果。

现实生活有很多这样的事例：

如果一个孩子的父母都从事音乐，那么，就算家里并没有特意让他从小学习音乐，但是和别的孩子比起来，他在音乐上也有着更强的悟性，因为从幼儿期开始，父母乃至周围环境带来的所有关于音乐的信息都被孩子接收了，在这种内在能力上，孩子比我们想象的要强得多。

因此，培养孩子能力最重要的条件就是家长所创造的环境——家庭环境。除此之外再没有什么条件比家庭环境更重要的了。孩子每天都生活在家庭中，父母所有的一切都会潜移默化地传输给他们，从婴儿呱呱坠地之日起，在家长创造的环境里，孩子的能力教育就开始了。

贫穷的小安徒生为什么是幸福的？

良好的家庭气氛是孩子成长的重要依托，家庭气氛是两种环境关系的产物，它包括家庭物质环境和家庭心理环境。

家庭的物质环境依每个家庭富有程度的不同而不同，每个父母都会尽最大的努力来满足孩子在学习上的物质需要。良好的家庭气氛主要包括爱的气氛和智力气氛两种。

安徒生小时候是在丹麦一个叫奥塞登的小镇上度过的，他家境贫困，父亲只是个穷鞋匠，母亲是个洗衣妇，祖母有时还要去讨饭来补贴生活。他们的周围住着很多地主和贵族，因为富有，这些人便觉得自己高人一等，他们讨厌穷人，不允许自己家的孩子与安徒生一块儿玩耍。安徒生的童年孤独而落寞。

父亲担心这样的环境会对安徒生的成长不利，但是他从来没在孩子面前流露出自己的这种焦虑，反而轻松地跟安徒生说："孩子，爸爸来陪你玩吧！"父亲陪儿子做各种游戏，闲暇时还讲《一千零一夜》等古代阿拉伯故事给他听。虽然童年没有玩伴，但有了父亲的陪伴，安徒生的内心世界也充满了阳光和快乐。

温馨的家庭环境是孩子健康成长的保证，童年时代的安徒生在良好的家庭氛围中培养着自己的童话细胞，一颗善良、充满幻想的"童话"之心。

和安徒生的父亲一样，犹太人也认为家庭气氛是家庭教育中具有重要作用的一个因素。尽管犹太民族在五千多年的发展历史中，大多过着颠沛流离的流浪生活，但是他们竭尽全力给孩子营造出和谐、温馨的家庭氛围。不仅犹太人如此，大多有所成就的名人在其童年时代都有着良好的家庭氛围。

列宁的父母就是一个例子。他们很注意让孩子有一个良好的学习环境。在物质上，家里的每个孩子都有一张自己的书桌和书柜供学习之用，每个孩子都有一个自己学习的天地。那里非常整洁，所有的书本和文具都摆放得整整齐齐，避免了由于无休止地寻找乱放的课本、笔记本、尺子、钢笔等等，引起孩子情绪烦躁，进而妨碍学习。

在家庭的心理环境上，列宁的父母相亲相爱，家庭气氛和睦快乐。他们热爱孩子尊重孩子，孩子们也深爱并尊敬父亲母亲。在这种良好的学习环境中，

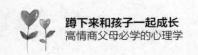

孩子们的学习热情、学习效率都很高。

可见，要创造良好的家庭气氛不仅要求父母相亲相爱，还要求家长与子女关系融洽。

有一对夫妻在接女儿放学回家途中，不知为什么就大吵起来，最后居然扬言要离婚。等争吵暂告一个段落，他们才意识到孩子还跟在后面。他们看到女儿拿着画板在画画，画面上有两个大人，他们表情愤怒，两个大人中间躺着一个小孩。

妈妈很好奇地问："地上怎么会有个小孩，他怎么了？"

"死了！"孩子说。

"他怎么会死了呢？"

女儿沉默了半晌，说："因为爸爸妈妈吵架、分手……"

女儿的话深深震撼了他们。原来，女儿看见班级中所谓的"单亲儿童"总是神情落寞，郁郁寡欢，她害怕像他们一样。看来，父母吵架、分手后，他们的孩子就好像被抛于旷野，会一点一点死亡。

小女孩在无意间用一幅画泄露她的心声，也让父母及早警觉：孩子在成长中最需要的就是安定、安心、安全的环境与父母完整的爱。当着孩子的面父母不要吵架，家庭成员之间关系不能紧张，要相互信任和体贴，以免给孩子带来精神上的苦闷。

除此之外，父母要重视和创造家庭中良好的智力气氛。如果父母本身对知识就有巨大的兴趣和追求，就会给孩子的健康成长产生巨大的无形力量。智力气氛差的家庭，可利用邻居、亲戚、朋友及请家教等外部环境的智力气氛来改变家庭智力气氛。

在良好的家庭氛围的影响下，你的孩子一定可以健康、茁壮地成长。

爸爸，我正在踩你的脚印！

父母是孩子的榜样，父母的言行举止无论好坏都会被孩子不自觉地效仿，成功的父母应该能成为孩子的榜样。

汉森有个不好的嗜好——喝酒。每天在工作之前或者工作结束回到家后，都要去镇上的酒馆喝上一盅。妻子经常劝他戒掉，但汉森就是控制不住自己，虽然他也知道这是个不好的习惯。

有一天下着大雪，汉森照例要在上班前到那家酒馆，他哼着小曲儿快活地出了家门，没走多远，就觉得有人跟在后面。回头一看，竟是自己年幼的儿子。

儿子踩着父亲留在雪地上的脚印，边跑边兴奋地喊："爸爸，你看，我正在踩你的脚印！"

儿子的话令汉森心中一顿，他想："如果我去酒馆，儿子踏着我的脚印，将来他也会去酒馆的。"

从那以后，这位父亲再也不光顾酒馆了。

年幼的孩子缺少辨别是非的能力，他们总是无意识地模仿父母的行为。好的行为被效仿，当然很好，但坏的行为一旦被效仿，成为坏习惯，要想改变就很难。如果此时父母加以管教的话，孩子会说："既然你们都这么做，凭什么不让我这么做？"所以，为人父母的，请走好你们的每一步，要知道，孩子正踏着你们的脚印前行。

一个孩子的行为受其父母及家庭环境的影响。父母是孩子的第一任老师，大多数的孩子都直接以父母为榜样，如果父母不注意自己的行为，家里也没有良好的家庭气氛，孩子很容易受父母影响而形成不良的习惯和生活态度。营造良好家庭气氛的同时，父母还要教育孩子不要受家庭智力气氛的束缚，广泛地吸收来自外界的一切有益"养料"。

"大谢尔曼"是生长在加利福尼亚的一种高大的红杉树，它高达61米多，树围有24米，被砍倒后，木料足够建35幢带5个房间的房屋。

"盆景艺术"是日本人种植的一种树，它虽然只有几英尺高，却有着完美漂亮的树形。

事实上，"大谢尔曼"与"盆景艺术"种子的质量都不足0.1克，那是什么原因造成它们长成后的巨大差别呢？

差别背后的故事就是一个环境带给我们的启示。

"大谢尔曼"扎根于加利福尼亚的沃土，吸收丰富的水分、矿物质和阳

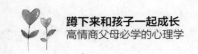

光，最后长成一棵高大的植物；而当"盆景"冒出芽时，日本人将它拔出泥土，除去直根和部分须根，故意抑制其生长，最后成了一棵虽然漂亮却矮小的植物。

由此可见，不同的生长环境和条件会造成多大的不同。家庭的心理氛围、家长的心理特征对孩子的心理发育有着重要影响。

犹太人的教子智慧是世界闻名的。在犹太人看来，要创造并保持良好的家庭心理氛围，父母要注意以下几点：

首先是平等，这是创造良好的家庭心理氛围的前提。父母、子女任何一方的优越感都会对其他家庭成员造成心理压力，产生心理隔阂。

其次是开放，是指家庭成员能够坦率地、平等地以其他成员可以接受的方式，表达自己的想法，而不是毫无顾忌地发泄。

再次，父母的教育能力和父母之间关系的和睦程度，也直接影响良好家庭心理氛围的形成。

最后是理智，只有理智才能够克制自己的心理冲动，冷静地对待和处理问题，这样有利于保持良好的家庭心理氛围，更重要的是有利于帮助孩子形成稳定的心理特征。

可见，家长应根据时代的要求和孩子不同年龄段的心理特点，努力创造良好的家庭心理氛围。这样，你的孩子才能朝着健康、广阔的方向发展。

父母不仅要以"声"作则，更要以身作则

有一个叫佛兰克的小男孩非常喜欢钓鱼，在同龄人中，他的垂钓技术是最好的。一天吃过晚饭，他极力恳求妈妈带他到湖边钓鱼，虽然还不到鲈鱼钓猎的时间，但佛兰克已经忍不住了。妈妈拗不过他，又不放心孩子一个人在湖边，只好陪着他。

佛兰克做好钓鱼前的一系列准备后，迫不及待地将鱼线甩向湖心，大约两三分钟后，钓竿的另一头沉重起来。佛兰克知道一定有大家伙上钩，急忙收起

鱼线。妈妈在一旁十分惬意欣慰地看着儿子熟练地操作。

终于，一条竭力挣扎的大鱼被拉出水面。好大的一条鲈鱼啊！鲈鱼美丽的鱼鳃一吐一纳地鼓动着。佛兰克和妈妈都呆住了，他们从没见过这么大的鲈鱼呢！

兴奋之余，妈妈意识到现在是晚上8点，距允许钓鲈鱼的时间还差两个小时。

"我们把它放回去，儿子。"母亲说，"现在还不到钓鲈鱼的时间。"

"不，妈妈！"佛兰克委屈地说，"再没有这样大的鱼了，而且周围又没有人。不会有谁知道的。"

但母亲十分坚决地要放生鲈鱼，佛兰克知道母亲的决定是不可更改的，只好不情愿地把鱼放回了湖里。

34年后，佛兰克已经是纽约市很有成就的建筑师了。在他以后的垂钓经历中的确再也没遇到过那么漂亮的大鱼，但他却为此终身感谢妈妈。因为是妈妈让他懂得了做人的道理，在以后的成长过程中，佛兰克从未因为无人知道而放松自律，做出有损公德的事情。经过自己的诚实、勤奋、努力奋斗，佛兰克终于钓到了生活中的大鱼——让人仰慕的成功事业。

父母是孩子进入社会最初的模仿对象，家庭是孩子的第一课堂，父母是孩子的第一任老师。孩子从父母那里学会的某种习惯和处世态度，对其一生的发展将产生极大的影响。父母的品质、人格对孩子有潜移默化的作用，会影响孩子今后的成长。如果父母的榜样出现了偏差，孩子的思想行为就会出现偏差。在今后的生活中他就会放松自律，做出有损社会公德的事情，从而也使他失去社会性人格的发展机会。也就是说，父母的以"声"作则与以身作则，对孩子的影响大不一样。

以"声"作则指的是有的父母往往只用自己所说的来要求孩子，而不要求自己。如果父母要求孩子学习，自己却不看书，说一套做一套；如果父母教育孩子要爱学习，讲道德，守纪律，求上进，自己却不学无术，成日沉溺于麻将之中，即使再苦口婆心，孩子也很难接受。

拥挤的公共汽车上，一个男孩欲起身给一位站立不稳、几乎要摔倒的老太太让座，谁料想孩子的母亲却站立一旁大声呵斥："让什么让，你老老实实地待着吧！"这位母亲平时一定没少教育孩子要尊老爱幼，孝敬父母，但遇到实

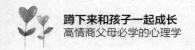

际情况时，她的行为却与曾经的言语大不一样，在这样的状况下怎么能指望孩子接受自己的教诲呢？

我们许多家长在社会道德滑坡的时候无不义愤填膺，然而到了教育自己的孩子时，却常常只顾自己的利益，社会风气自然很难改善。

许多家长认为自己是自己，孩子是孩子。其实，孩子是父母的影子，在实施家庭教育的同时，家长要让孩子自信乐观，自己就要自信乐观，这样才能找到一种好的感觉。

天赋递减法则
教育孩子越早越好

一棵橡树，假如能够充分地生长，可以长到30米，但事实上能够长到30米的橡树很少，一般只能长到12米至15米；一个孩子，假如他的天资能得到充分的发挥，最终可以具有100分的能力，但如果放任不管，就只能成为30分能力的人。天赋递减法则告诉我们：教育孩子，越早越好。

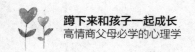
天赋递减法则

很少有父母能够知道，儿童的潜能培养遵循着一种奇特的规律——天赋递减规律，即儿童的天赋随着年龄增大而递减，教育得越晚，儿童与生俱来的潜能就发挥得越少。

早期教育是开发儿童潜能的必要方式之一，早期教育更容易造就天才。比如一棵橡树，假如它能够充分地生长，可以长到30米，那么这棵橡树就具有长到30米高的潜能。但事实上，能够长到30米的橡树很少，一般只能长到12～15米，生长环境不好的甚至只能长到6～9米；如果肥料充足，再加上精心培育，则可以长到18～21米，甚至是24～26米。

同样，一个孩子，假如他的天资能得到充分的发挥，最终可以具有100分的能力，那么100分就是这个孩子的潜能。如果放任不管，就只能成为具有30分能力的人，他的潜能只发挥出一小部分；如果对他进行适当的教育，他的能力就可以达到六七十分，甚至是80分。专家的教育研究表明：如果从5岁开始教育，即使是非常理想的教育，将来也只能具有80分的能力；如果从10岁开始教育，就只能具有60分的能力。这就是天赋递减法则的具体体现。

由于孩子的各种能力有着不同的发展期，而且各个发展期是基本不变的。虽然某些能力的发展期可能很长，而另一些能力的发展期则很短。如果一切能力不在发展期内得到发展，就永远不会再有发展。

在我国国民教育普及的今天，杰出的手工艺人反而少了，这也是天赋递减法则的一个体现。据有经验的老渔夫说，如今没有像过去那样善于游泳、摇橹、撒网的人了，这是因为孩子们在十一二岁期间都在上学，而水上功夫必须从10岁左右开始练起。

孩子的外语学习也是如此。如果不从10岁以前开始学习使用外语，就很难掌握地道的外国口音，腔调总会有点"怪"。甚至不少专家认为，钢琴如果不从5岁开始练，小提琴如果不从3岁开始练，就不可能达到很高的境界。也就是说，儿童的能力，如果不在发展期内进行培养，就会出现儿童潜能递减的现象，这就是早期教育能够造就天才的根本原因。

很多人会认为早期教育不利于儿童的健康，剥夺了孩子的正常少年生活，就已经存在的成功范例来说，卡尔·威特受到过这种指责，汤姆森兄弟的父亲受到过这种指责，穆勒的父亲也受到过这种指责。

但事实上，童年时代的威特是个非常活泼健康的孩子，汤姆森兄弟、歌德也是如此。穆勒的体质虽然比较弱，但他的身体不好是否是早期教育造成的，还有待商榷。皮特的体质也不好，但他生下来就是如此，和早期教育无关。塞德兹博士、伯利博士和威纳博士的孩子都很健康、活泼。而且，从他们的寿命来看，威特、威廉勋爵、歌德都活到了83岁，詹姆士活到了70岁，韦斯特伯里勋爵是73岁，都称得上是高寿。

因此，早期教育会影响孩子性格、身体发育这种说法是错误的，我们家长应该知道，越早对你的孩子进行教育，开发他们的潜能，你的孩子成功的概率就越大。

认人为母的小鸭子

对于幼儿的潜能教育，一位名叫洛伦斯的生物学家曾做过这样一个实验：洛伦斯将一些刚刚出生不久的小鸭子与它们的母亲分开，让它们分布在自己的周围，他在它们周围踱步。当洛伦斯故意走开时，可爱的小鸭子都会跟着他走。

此后，洛伦斯把它们的母亲放出来，尽管母鸭对小鸭子百般"示爱"，但小鸭子却"视而不见"，不再理睬它们的妈妈。原来这些小鸭子把洛伦斯当成了它们的"妈妈"。

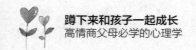
科学研究发现，小鸭子的生长存在一个认亲关键期，在小鸭子出世后的十几个小时内，首先出现的动物会成为它们的"妈妈"，这也被称为动物的"追随现象"。

同样，小鸡也有"追随母鸡的能力"的发展期。这个时间大概是小鸡孵出后4天左右，如果不在这段时间内发展这种能力，它就永远不会具有这种能力。所以，假如在小鸡孵出后4天左右这段时间里，把它和母鸡隔离开，它将永远不再追随母鸡。此外，雏鸡"辨别母鸡声音的能力"的发展期是在孵出后8天左右，假如在这段时间里不让它听到母鸡的叫声，它就会永远丧失这种能力。

很多实例证实：人类的婴儿如果被狼、熊、猿猴等野兽抚养长大，他们长大之后变得几乎和这些动物没什么两样，无论是外貌或是生活习惯，以至于心理都是这样，他们变成了所谓的狼孩、熊孩、猿孩，身上不再具备人类的特点。

犹太教育观念认为，婴儿有辨别母亲面孔与声音的能力，婴儿的这种模式记忆能力，既是最原始的，也是最高级的智能。早期教育要重视婴儿的这些卓越能力，使孩子最为珍贵的能力得以保存。机器人无论多么先进也不能做到这一点。

具体来说，婴儿在3岁之前获取知识的方式与3岁后不同：前者是一种模仿学习，即"无意识学习方式"，后者则被称之为"主动学习方式"。所以，犹太人特别重视孩子的"无意识学习方式"，即孩子的无意识模仿学习。重视"模仿学习"是犹太人获得高智商的最重要因素。

某生理学博士经过实验研究发现：如果在不同的文化环境里，分别抚养那些出生不超过9个月的婴儿，他们各自会形成适应身边环境的能力，而环境中不存在的东西则无法培养。因此，即便同样是人类的孩子，由于各个国家或地区的文化差异，在西方国家出生的孩子和在东方国家出生的孩子，长大后也会有巨大的差异，形成千差万别的性格与生理特征。

另外，由于每个孩子父母的情况完全不同，即使身处同一国家或地区，他们生活的环境也有天壤之别，所以他们长大后也肯定是千差万别。

你已经晚了两年半

生物学家达尔文不但对物种起源研究精深，对育儿的见解也颇有独到之处。

一天，有位美丽的少妇抱着自己的小孩子去找达尔文，向他询问有关育儿的问题。

"啊，多漂亮的孩子啊！几岁了？"看到这么漂亮可爱的孩子，还没等少妇开口，达尔文就高兴地向夫人问道。

"刚好两岁半。"少妇诚恳地对达尔文说，"当父母的总是希望孩子成才。你是个科学家，我今天特意登门求教：对孩子的教育什么时候开始才好呢？"

"唉，夫人，很可惜，你已经晚了两年半了。"达尔文惋惜地告诉她。

自出生之日起，孩子就会通过嘴、舌头及其他感官来探索外界事物。也就是说，一个人从生命的开始，就有了感知的欲望。许多父母认为孩子太小，教育他们应从适当的年龄开始。事实上，生命本身就赋予了孩子们求知的渴望。

教育学家一直提倡儿童应尽早地进行教育，这是因为学习知识的同时也训练了大脑。不管是选择学音乐或其他知识，这些都不重要，最关键的问题在于：不论学什么知识都要尽量提前。而一般情况下，2岁的幼儿就应该开始接受教育，主要培养幼儿的语言表达能力、身体运动能力及对周围环境的认知能力。3~4岁的儿童要进行系统的知识训练。

大脑刚开始发育的时候也是大脑感应度最强的时期，随着年龄的慢慢增长，感应度开始逐步减退，就和绷紧了的弦一样慢慢松弛下来。如果将人的婴儿期看成一个起点，那么随着年龄的增加，这种适应环境的灵敏度反而会逐步减退，适应的速度也会越来越慢。

很多人都有这样一种观点：人的大脑灵敏度会随着年龄的增长而增强。事实上，这种观念是错误的。只有不断培养新能力，人的能力才会得到增长。一个人一旦成人，就已经不知不觉地适应了环境，生理机能上也出现了相应的变化，为适应环境变化提前做好了准备。随着人逐渐成长，内在能力会迅速消失，所以条件许可的话，能从出生开始最好，这是应该特别强调的。我们极力推崇进行早期教育，而且开始得越早越好。

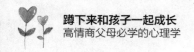

铃木老师的建议

　　曾有一位著名的心理学家指出："在刚满2岁时，每个儿童都是语言天才，但是如果这种能力得不到加强，在五六岁的时候就会迅速地消退。"越是接近出生时间，这种潜能就越发充足，内在能力也就越高。因此，对幼儿施行早期教育是必需的，而且极为迫切。进行早期教育的时间越早、越及时，孩子异乎寻常的能力就越能被挖掘出来。

　　用音乐开启"天才教育"的大门而轰动全世界的铃木镇一老师，对此最有发言权。他用实践证明，天才不是天生的，任何一个孩子，只要教育得法都能成功。在铃木老师的音乐学院中，学生是不经过考试筛选的，从几岁到十几岁都有。

　　在教学的过程中，铃木老师发现一个发人深思的现象：在学习某种技巧的时候，十几岁的孩子不管怎样努力都达不到要求，但是才几岁大的孩子却很容易就达到了，越是幼小的孩子，学习的效果就越好。

　　为此，铃木老师决定针对一些初生的婴儿做一项教育实验。他找到一些刚生了小孩的母亲，指导她们让婴儿听最优美动听的古典音乐，而不是通常的儿歌。他特地挑选了一些5分钟左右的曲子，其中包括管弦乐和器乐，涵盖了莫扎特、克莱斯勒的曲目。总之只要母亲喜欢听的曲子，就不断地重复，连续地给婴儿播放。即使在婴儿哭泣或生气时也不间断。

　　这项试验从婴儿降生之初开始，一直持续到孩子的第5个月，在这基础上铃木又做了进一步的实验：在他们已经听了5个月，十分熟悉的曲子中，加进去一些他们从没听过的曲子，掺在一起放给他们听。

　　听到那些从未听过的曲子，婴儿们的脸上露出奇怪的表情，他们显得吃惊而不安；而当听到那些熟悉的曲子时，他们的脸上露出会心的微笑，身体不自觉地随着音乐晃动，好像是在打拍子。5个月的婴儿就已经能记住乐曲了！这实在是一个令人惊叹的发现。

　　受这种效果的启发，铃木老师进一步延伸了他的教育方法：当孩子还是个婴儿时，铃木就让母亲们不断给他们听乐曲，等他们长大一点，就让母亲们抱着孩子到铃木老师的教室来听小提琴现场演奏。当孩子2岁大时，就正式开始教他们拉小提琴。

虽然幼儿的年龄很小，但听老师的演奏却能使他们产生一种感觉，与那些到了少年时代才开始学小提琴的孩子相比，后者无法达到的程度，幼儿们却能轻易地达到。

与铃木教育交相辉映的是伟大的音乐家莫扎特。3岁的莫扎特就能登上音乐厅的舞台演奏乐曲了，这么出色的音乐素质源于什么呢？毫无疑问，是他的家庭环境所具有的良好音乐气氛。

莫扎特的父亲是当时著名的宫廷演奏家和优秀的作曲家。当莫扎特还是婴儿的时候，他的父亲为了培养他的乐感，每天都让儿子听5支不同旋律的钢琴曲，经过这样的教育，莫扎特在3岁时就已经能登台演出了。很难想象，如果不是父亲的精心培养，莫扎特的潜在能力还能不能如此迅速地被发掘出来？

曾经听说一名杰出的女音乐家，5岁时父亲去世，经商的哥哥收养了她，嫂子非常善良，小女孩年仅8岁的时候，脚还没法够着钢琴踏板，就在嫂子的严格要求下开始学习弹钢琴，有时嫂子很温和，有时则非常严厉，当别的小朋友开心地玩耍的时候，未来的天才却一边哭着一边弹琴，因为嫂子对她要求很严格，连让她出去玩一会儿都不肯。

生活中，这样的例子俯拾皆是，数不胜数。父亲和母亲都很爱下棋，孩子常常坐在旁边看棋，耳濡目染，几年之后，这个孩子的棋艺已经非常高超了，连附近的成年人都不是他的对手；有位父亲因为推广心算法出名，女儿从小受到熏陶，现在已经具备一级心算的水平了。

很多人认为，从事某些行业或者成为优秀的人，都需要有特殊的才能，但是婴儿不会说话，我们怎么知道他有没有这方面的才能呢？因此，只要从婴儿时期就开始进行强化训练，就能把孩子的内在能力开发训练出来，使之成为优秀的人。如果想培养孩子们超常的能力，万万不可错失孩子的婴幼儿时期，只要及时地对孩子施行合理有效的教育，就会在他们身上看到出乎意料的效果。

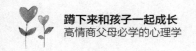
2~5岁是教育孩子的关键时期

俗语说"3岁看长，7岁看老"。一个孩子的心理状态和性格，三五岁的时候就决定了，日本古代驯养名莺的方法就很好地说明了这个道理。

据说，野生幼莺在很小的时候，驯莺人就把它从巢穴里捉来进行周密训练。在这些野莺的身旁，通常放着一只名莺，名莺的欢叫异常优美。驯莺人这样做的目的就是让幼莺每天都能听到名莺的叫声，使野莺也能叫出美丽的声音。

当优美的声音传进幼莺的耳畔，幼莺的生理机能在潜移默化的过程中改变了，不断跟随名莺的"教育"发生变化。在幼莺向名莺的发展过程中，驯莺人还要进行其他训练。驯莺人认为，如果没有第一步训练作为基础，就没有必要进行后面的训练了。也就是说在整个训练过程中，挑选一只能起示范作用的名莺是最重要的步骤，这样便于幼莺模仿名莺的叫法。

其实，不管是幼儿还是幼莺，如果在幼年时期就对他们施以良好的教育，他们就会深深地记住这些内容，一辈子都不会忘记。一位父亲在这方面有深刻的体会。

这位父亲一共有3个孩子。大女儿出生时夫妻刚结婚不久，因而不懂得如何教育孩子。女儿在还没上学的时候常常去邻居家玩耍，邻居家有个姐姐天天都要读书写字，女儿就时常在旁边观看，不知不觉中记住了很多字、词。大女儿上了小学以后，她的学习成绩一直很好。

不久，大儿子也出生了，根据女儿的经验，父亲同样是听之任之，不去管他。在儿子开学的两个月之后，学校组织了一次家长会。到了学校，父亲才发现不会识字的只剩下他儿子一个人了，而且儿子对上课没有一点兴趣，一心只想着玩。

在此之后，父亲开始辅导儿子的功课，希望通过强化训练，使他得到迅速提高。但是父亲精力没少花，却一直没取得成效，儿子似乎对读书一点都不喜欢。从小学一直到初中毕业，大儿子的学习一直都很一般。

鉴于这个教训，对于二儿子，父亲很早就开始教他读书认字。对二儿子的教育相当有效，上学之后，二儿子当上班长，学习很好，性格也非常开朗。

　　著名教育学家楚可普斯基在《从2岁到5岁》一书中明确地提出：在2～5周岁期间，人精神的倾向性就已经基本形成了。幼儿时期所形成的性格和心灵特征将会影响人的一生，在幼儿时期心灵上留下的烙印，和留在胶片上的影像一样，是难以磨灭、根深蒂固、难以改变。

　　如果我们在孩子两三岁的这个关键的年龄段里，不能给孩子正确的教育，那么孩子是成为"名莺"，还是"野鸟"？您一定很清楚了。

超限效应
不要过多地批评孩子

当孩子做错事时，父母经常会一次、两次、三次，甚至四次、五次对孩子做同样的批评，使孩子从内疚、不安到不耐烦，最后反感、讨厌。家长对孩子的批评不能超过限度，应对孩子"犯一次错，只批评一次"。这样，孩子才不会觉得自己被"揪住不放"，厌烦心理、逆反心理也会随之降低。

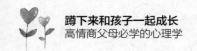
超限效应

　　一次，美国著名作家马克·吐温到教堂听牧师的募捐演讲。最初，他觉得牧师讲得很好，令人感动，就准备捐出自己身上所有的钱。过了10分钟后，牧师还没有讲完，他有些不耐烦了，决定只捐一些零钱。又过了10分钟，牧师还没有讲完，他决定一分钱也不捐。

　　牧师终于结束了冗长的演讲！开始募捐时，马克·吐温由于气愤，不仅未捐钱，相反，还从盘子里拿走了两元钱。

　　刺激过多、过强或作用时间过久，都会引起接受者的不耐烦或逆反心理，这就是心理学上的"超限效应"。超限效应在家庭教育中时常发生，例如孩子犯错误了，父母会一次、两次、三次，甚至四次、五次对孩子做同样的批评，这些批评使孩子从内疚、不安到不耐烦，最后到反感讨厌。被"逼急"了，就会出现"我偏要这样"的反抗心理和行为。

　　事实上，父母对孩子没有必要有错必究。孩子身心发展水平较低，认知能力、思维水平、自我控制能力等比较差，犯一些小错误是难免的，也是情有可原的。如果对其要求过于苛刻，以为不管多大的孩子干了错事都是非常糟糕的，是品行或道德问题，凡事上纲上线，搞"阶级斗争"，甚至不惜用谩骂体罚来纠错，势必造成负面影响，使孩子受到重大的心理创伤。

　　一旦受到批评，孩子总需要一段时间来恢复心理平衡。受到重复批评时，他心里会嘀咕：怎么老这样对我？这样，孩子挨批评的心情就无法复归平静，犯错违规的冲动没有化解，反而被压抑，成为一种心理情结，削弱了孩子的防御能力与生存能力，使孩子的反抗心理高亢起来。

　　为避免这种超限效应的出现，家长对孩子的批评不能超过限度，应对孩子"犯一次错，只批评一次"。如果非要再次批评，不应简单地重复，要换个角度、换种说法，这样孩子才不会觉得自己被"揪住不放"，厌烦心理、逆反心理也会随之降低。

总之，家长在批评孩子时应注重"度"，把握好"分寸"，避免"物极必反"的超限效应。"不及"固然达不到既定的目标，但"过度"又会产生超限效应，非但起不到应有的效果，甚至会出现一些反作用。

大错误与小错误里的智慧

在一次宴会上，来宾中有人引用了"谋事在人，成事在天"的格言，并说此话出自《圣经》。当时，著名成功学家戴尔·卡耐基也在场，渊博的学识使他意识到：这位客人是错的，此话出自莎士比亚的戏剧。于是他立刻指了出来，客人听后恼羞成怒，与卡耐基争辩起来。

当时卡耐基的老朋友葛孟也在场，葛孟是研究莎士比亚的专家。于是卡耐基和客人便请葛孟来裁决。葛孟在桌子底下踢了卡耐基一脚，说："你错了，这位客人是对的，这句话出自《圣经》。"

回家的路上，卡耐基很不明白葛孟为什么要错判。葛孟说："当然，那句话是出自莎士比亚《哈姆雷特》第五幕第二场。可是为什么非要去证明他错了呢？我们大家都是宴会上的客人，为什么不保留他的面子呢？"

一些无关紧要的小错误，何必要计较，为了求全而责备他人？

父母总是希望自己的孩子是最好、最优秀的，为此，他们不能忍受孩子犯错误，大到考试成绩是否理想，小到扣子是否系好，头发是否梳理成父母喜欢的发式，一切的一切，他们都要插手。

事实上，只要孩子不是犯错过大，对一些不符合父母标准的小错误，父母可以加以提醒，不需要横加指责。过多地指责会使孩子常常处于无地自容的境地，尤其是在生人面前斥责孩子，对孩子的打击更大。时间长了，孩子就会形成一种消极的思想"我不行""我干不了"等等，埋下了自卑的种子。

对于小错误，父母应当保留孩子的面子，做出适当的提醒。对于大错误，父母同样应该注意孩子的心理承受力，防止批评过度。

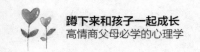
松下公司创始人松下幸之助因经营技巧高超、管理方法先进，被誉为"经营之神"，他对待下属错误的方法也是值得每个人学习的。

松下公司的工厂曾发生过一起特别严重的火灾，大火烧掉了很多财产。当时担任厂长的后藤清一原是三洋电机公司的副董事长，跳槽到松下公司旗下的。工厂失火后，后藤清一心中十分恐慌，松下幸之助一向以严谨的作风为管理秘诀。以前，即使因为打电话的方式不当，他也会受到松下幸之助的严厉斥责，现在发生这么严重的错误，不被革职也要降级。

后藤清一做好了报告失火情况后接受处罚的准备。不料，接到报告后的松下幸之助只对他说了四个字："好好干吧！"

这样做，并不是松下幸之助姑息部下的过错。因为他深知：在犯小错误时，当事人多半并不在意，因此需要严加斥责，以引起他的注意；相反，在犯下大错误时，傻子也知道自省，因此就不必要再去给予严厉的批评了。

果然，在这次火灾发生后没有受到惩罚的后藤清一，因心怀愧疚，对松下幸之助更加忠心效命，并以加倍的工作来回报。

教育孩子应该如此，然而遗憾的是很多父母易犯这样的错误：孩子犯了小错误，父母跟孩子一样，不去注意，更不用说提醒孩子注意了；而当孩子犯了大错误，正在内疚、痛苦，需要安抚的时候，父母不但不去抚慰那颗脆弱的心，反而不等孩子从挫折感中恢复过来，就在现场大呼小叫，一遍遍捶胸顿足地数落孩子，甚至将孩子过去所犯的错误都翻出来数落一遍。

实际上，对于小错误，孩子往往不觉得它是一种错误，如果不及时纠正，孩子往往会养成不良的做事习惯；对于大错误，每个孩子都清楚错误的严重性，所以不管小错误还是大错误，最好的教育方法是参透儿童的心理，防止超限效应。

批评的艺术——"三明治策略"

美国著名企业家玫琳凯在管理员工和教育孩子中遵循这么一条原则：不管要批评的是什么，你必须找出对方的长处来赞美，批评前和批评后都要这么做。玫琳凯把这一原则称之为"三明治策略"。

我们知道，批评只有被对方从内心接受才能生效。这就意味着，批评虽然有道理，但不等于被对方接受。其实，人的心理都一样，那就是希望被自己上司或周围人尊重的心理都很强烈，没有比受人轻视更不愉快的事情了。

心理学研究表明，接受批评最主要的心理障碍，是担心批评会伤害自己的面子，损害自己的利益。为此，在批评前要帮助他打消这个顾虑，才能让他把批评听下去。打消顾虑的比较好的方法，就是先表扬、后批评，亦即在肯定他的成绩的基础上再对他进行适当的批评。

玫琳凯认为，批评是针对行为，而非批评人。在讨论问题之前之后，不要忘了赞美，而且要试着以友善的口吻结束论题。用这种方式来处理问题，你不会使对方觉得遭到太过无情的责难，引起对方的愤怒。

将玫琳凯的管理经验应用到教育孩子方面，效果也是极其明显的。例如，父母对孩子说："你最近表现不错，老师说你的功课很努力，作业也能按时完成，要是你能把作业的出错率降低一些，就很完美了。"像这种勉励多于指责的话，孩子当然乐于接受。

孩子做错事后，有的父母会随意地冲孩子发脾气，最后再用一句赞美的话来结束。尽管有些专家鼓励这种技巧，但是我们可以设想一下，一个遭到严厉批评，正感到极大震撼的人，他怎么可能听得到你最后给他的赞美？很明显，这最后的赞美是多余的。这种批评没有建设性，只有破坏性。

批评的目的是指出错在哪里，而不是对孩子进行人身攻击。因此，什么样的方法更为有效，父母就应该采用哪种，柔和还是严厉，全在父母的选择。每个人都有自尊，即便是还未成年的孩子。他们往往因为年龄阅历的关系更为在意别人的话语，尤其是自己的父母。批评孩子的时候，如果伤害了他的自尊就等于挫败了他的积极性。

有一次，玫琳凯召集一群美容顾问举行业务会议。会议中，玫琳凯发现其中一位美容顾问的化妆箱很脏。这是一位新进人员，她看起来又一副缺乏自信的样子，玫琳凯认为化妆箱的脏乱会导致她的业务成绩不佳。玫琳凯想，如果采用直接的方式来表达自己的意见，也许会伤害到她。所以玫琳凯决定以一种更灵巧的方式来传递——试着在业务会议上提醒她。

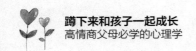

于是，在业务会议上，玫琳凯用"整洁是神圣的基础"为题进行演讲。在整个会议中，玫琳凯一直提醒每位美容顾问要表现出她的专家风范。"如果你走进一场美容课，看到美容顾问的化妆箱有些污垢，你会如何想？"她问在座的美容顾问，"我们从事美容这一行，必须时时刻刻表现出整洁的形象。"

那名员工并不知道这是针对她而说的，但这次演讲却对她极有帮助。尽管别人也可从玫琳凯的演讲中学习，但最主要的是那位女士获得玫琳凯的劝告，而不必忍受针对她批评而导致的自尊受损。

一位优秀的管理人员绝不会贬低别人，这对生产力不仅无益，而且有害。父母也是同样。父母的工作是扮演一个问题解决者的角色，父母的目的是教会孩子正确的价值取向，改变孩子不好的习惯，而不是挫伤孩子的自尊心。用这种柔和的方法取代传统的批评，会使父母教育孩子的成功率大为提高。

采用柔和的态度并不是说父母要放纵自己的孩子，而是要求父母在提出批评时，一定要讲究策略，当孩子出错时，既要指出其错误，又不致挫伤其自尊心。

当然，照顾孩子的情绪和自尊并不表示你不可以批评他。父母必须坚持原则，讲话单刀直入。如果你对孩子的错误很有意见，你不该马马虎虎，你必须表达你的感觉，刚柔并济。换句话说，你必须保持父母引导者的角色，同时也必须设身处地为孩子着想。

另外，父母还必须强硬和直言不讳。假如孩子真的犯了错误，而且问题很严重，你决不可以因为顾全孩子的面子，保护孩子的自尊心而绕开问题不管，你必须表达出自己的看法。

这就需要父母双管齐下——既要关心，又要严格。也就是你既要起到父母监督教育的作用，又必须对孩子表示关心。如果你和你的孩子之间界限分明，无法建立朋友一样的亲密关系，也就无法和孩子坦诚交谈、坦然相对。

有用的只是忠告的内容

人生最重要的不是金钱，是忠告。对于成长中的孩子，需要的不是父母无休止的唠叨、批评，不是父母给予丰厚的物质条件，而是教他们懂得一些人生道理，记住一些人生格言。

在我国古代，许多成就非凡的人都注重通过"立家训"给自己的孩子以忠告。诸葛亮在《诫子书》中告诫儿子"静以修身，俭以养德"，心静才能专心自我提高，节俭才能培养高尚的品德。刘备给儿子刘禅"遗训"：勿以恶小而为之，勿以善小而不为。唯贤唯德，能服于人。

今天，一些父母教育孩子，往往语言贫乏，啰里啰唆，唠唠叨叨，翻来覆去就那么几句话，孩子听得不耐烦，当父母的还生一肚子气。许多时候，尤其当孩子遇到考验、困难，或心情沮丧、情绪很坏的时候，最需要的就是父母指点迷津的人生忠告，而不是重复的批评和啰唆。

重复的批评啰唆不但不能达到教育的效果，有时甚至会适得其反。有这样一个心理学上的游戏：

请一个人快速重复"老鼠"这个名词十遍，当他刚刚说完第十遍"老鼠"后，如果有人马上提问："猫怕什么？"要求他立即回答，他几乎100%会回答"老鼠"！这个游戏的规则是一要快速重复，二要立即回答。如果双方都能遵守这两条规则，那么答案肯定是"老鼠"，成功率接近100%。

这个游戏表明，当你在无度地重复某一件事或某一个概念的时候，你的智力就在重复的过程中不断下降，当你的智力降到低点的时候，你的判断力也下降到了低点，从而造成错误判断。

在我们的学校教育中，普遍存在这样的现象，一些中小学教师让学生把做错的题再重复做十遍，让学生把写错的字重新写一百遍。学生说："不用到一百，到了三十多遍的时候我就已经不认识这个字了。"

父母教育孩子也存在这样的问题。当孩子犯错的时候，父母总是不断地在这个问题上重复批评，翻来覆去地说，使孩子由想改正变为抗拒。

认知过程有它自身的规律，认知心理有它自己的特征，父母的教育不但要符合孩子的认知规律，还要符合孩子的心理特征，这样才能达到良好的教育效果。

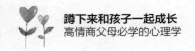
"打是亲，骂是爱"已经落伍啦！

很多父母想以批评来改掉孩子的某些坏习惯，事实证明这是根本不可能的。因此，父母应该调整自己不良的教育习惯，适当地鼓励孩子，而不是一味批评。

正在读中学的凯文是父母和旁人眼里的"问题少年"。他不爱学习，成绩很差，生活中对什么都无所谓、不在乎，不爱与人交流，基本上没有朋友。

爸爸妈妈曾多次送他到各种培训班，并为他请家教，他的成绩却毫无起色。生活上有什么问题，凯文也不跟爸爸妈妈说，在家里，他和父母很少说话，几乎不存在亲子沟通。

无奈之下，母亲带凯文去看心理医生。

经过教育心理专家与凯文沟通后才发现，导致他行为异常的根本原因在于他内心充满了逆反，他对自己的母亲甚至表现出了一种近乎仇恨的反感。凯文说，自己从小到大几乎没听过妈妈的表扬，倒是批评不断且从不顾及场合。

正是由于父母在教育方法上的错误，导致了凯文毫无生活热情，没有目标感，因而学习无兴趣，人生观极端消极。

父母总是认为：打是亲，骂是爱。殊不知，在你们的打骂下，孩子的心已经和父母走得越来越远。教育专家研究发现，对孩子的教育中出现过多的批评，会导致孩子有意识地逃避批评或者逃避可能导致被批评的环境。

比如说，经常被父母批评不敢下水学游泳的孩子，到后来会产生一种惧怕水的心理，严重的连走近河边或池塘边也会惧怕；父母如常批评孩子的作文不好，孩子就有可能会放弃努力学习作文的念头，严重者还会放弃其他科目的学习。

消极的批评容易导致消极情绪反应的习惯模式。孩子很容易把批评视为一种惩罚，通常是以哭闹、愤怒、怨恨、害怕作为受到批评时的反应，这样的反应方式，无疑是消极的情绪反应，妨碍了任何积极的反应行为。

一位父亲说："我叫7岁的儿子接住我投过去的垒球，但是他害怕球弹起来打着他，就往后退或是往旁边躲。我很生气，就说他像个女孩子。他哭着跑了。后来有好几个星期他都不肯和我一起玩投球游戏。过了一段时间，在我的请求下我们又一起来到院子里，这次我没有批评他、刺伤他，他接得好我就夸奖他，他很快就学会接球了。"

当父母发现自己的言行对孩子造成了伤害后，应及时向孩子郑重道歉，并尝试发现和表扬孩子的优点。同时，让孩子参加一些心理拓展训练，将孩子与父母隔离一段时间，利用第三方力量弥合亲子关系，鼓励孩子建立积极的人生观也是一种不错的教育手段。

木桶定律
让孩子全面发展

　　每个人至少有九种智能，即语言、逻辑数理、音乐、身体、空间、人际关系、内省、自然观察和存在。以此衡量，"差生"几乎不存在。

——哈佛大学教授　霍华德·加德纳

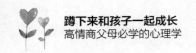

木桶定律

一只木桶盛水的多少，并不取决于桶壁上最高的那块木板，而取决于桶壁上最短的那块木板。这一规律就是在诸多领域中广泛应用的"木桶定律"，也叫"木桶理论"。

"木桶定律"有三个推论：

其一，只有桶壁上的所有木板都足够高，木桶才能盛满水，只要这个木桶里有一块木板不够高，木桶里的水就不可能是满的；

其二，比最低木板高的木板的高出部分都是没有意义的，高得越多，浪费越大；

其三，要想提高木桶的容量，应该设法加高最低木板的高度，这是最有效也是唯一的途径。

对这个理论，初听时你或许会怀疑，最长的怎么反而不如最短的？继而就会理解和赞同，确实，木桶盛水的多少，起决定性作用的不是那块最长的木板，而是那块最短的木板，因为水的界面是与最短的木板平齐的。

与木桶定律相似的还有一个链条定律：一根链条跟它最薄弱的环节有着相同的强度，链条越长越薄弱。

观察构成一个组织的各个部分，我们很容易发现，各个部分往往是参差不齐的，而决定整个组织水平的往往是那个最薄弱的部分。

观察构成一个产品的各个部分，我们也能够发现，产品各个方面的质量都是不一样的，而决定整个产品档次的往往也是那个水平最低的方面。

观察一个人也同样，每个人都有优势和劣势，它们共同构成了一个人的能力，然而，如果他的致命劣势无法改变；他的一生都无法接近成功。

"最短的木板""最弱的环节"与"最大的劣势"都是组织中的一部分，它们与整个组织息息相关，你无法把它们彻底排除在组织之外，你能做的只有

"加长最短的木板""增强最薄弱的环节"与"改变最大的劣势"。

因此，前进或者成功的真正意义就是去修补最短的那块木板。

对于个人来说，如果有些缺点得不到改善，将会给自己带来致命的打击。因此，不管个人还是组织，都应该突破自己的瓶颈，补齐最短的那块"木板"。

13岁的数学神童

少年鲍尔斯奇是人们眼里的"数学神童"，从小学到中学，他数次跳级，接受正统教育的时间总共只有8年。

13岁那年，鲍尔斯奇收到哈佛大学发来的预录通知单，加州家庭舆论再一次聚焦到"神童"话题上。哈佛一位教师说："一位真正的科学家，除了知识，还要懂得哲学、艺术等别的学科，可鲍尔斯奇的文科成绩很差，这对他将来的发展极为不利。"

在中国，南京市琅琊路小学出了一位让学校领导很是骄傲的学生于燕。小学毕业后，她以优异的竞赛成绩免试进入名校金陵中学实验班学习。然而，在金陵中学实验班的生活开始没多久，于燕就强烈要求转学。理由是：总是搞单科竞赛，太烦，希望能全面发展，过正常的中学生生活。

当前，在各个中小学，各种单科竞赛此起彼伏。一些学校和家长为了孩子在竞赛中取得好名次，不惜牺牲孩子的身心健康，把学生当成竞赛"工具"，使得孩子学习就像是在服"苦役"，毫无任何快乐可言。更有一些父母，为了满足自己的虚荣心，互相间大肆攀比，竭力督促孩子发展特长，使得孩子疲惫不堪，灵性丧失。

木桶的容量取决于最短的那块木板，对于一些存在某类知识缺陷的人来说，能力的发挥总是受到瓶颈学科的制约。简单地说，企业中搞研发的如果不懂市场，自己的辛劳成果就会一文不值；搞市场的如果对技术一窍不通，就难以把自己的产品优点向客户做全面的更有说服力的展示……一个人只有具有广博的知识技能，并让其充分发挥、协同效应，才可能做出伟大的成就。

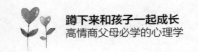

孩子们也是如此，学习能力发展失衡如不能得到及时纠正，过分强调孩子的优势或特长，忽视甚至放弃孩子的弱势能力，势必影响孩子未来的学习和生活。

青少年处于人生的成长、发展阶段，正是全面打基础的时候，因此，让他们安安心心、踏踏实实地学习，一步一个脚印往前走很重要。如果为了眼前一时的名与利，让孩子畸形发展，到头来只能是误了孩子。

所以，我们在为"神童"的特长而欣喜时，别忘了重视他的短处。未成年人仿佛是棵破土幼苗，如果只是大量施肥、拔苗助长，并不利于他们茁壮成长，阳光、水、土壤、空气等诸多要素一个也不能少。只有让孩子从小接受系统的教育，心智健全，全面发展，后劲才足，长大后才会有一个广阔的发展空间和美好的前程。

激发孩子对"非优势学科"的兴趣

各学科之间是相互联系、相互渗透的。事实证明，许多优秀的科学家，除了具有广博的专业知识外，还有相当高的文学修养和艺术修养。

刘海洋出生在一个单亲家庭，出生仅56天，因父母离异，他就失去了父爱。夫妻离异使刘海洋的母亲认为：家庭平安，不出是非最为重要。因此，她严加管教自己的儿子，坚持"自己不去做的，孩子就不知道；自己不去引导的，孩子就不去做"的家庭教育信条。

刘海洋枯燥的童年生活是和一篮积木和塑料拼板相伴度过的。21年，母亲完全为他设定了生活轨迹。刘海洋从不敢对母亲说一个"不"字。这样的家庭教育使他几乎失去了自我价值判断的能力，虽然后来成为清华大学的高才生，但他仍在一种童稚心理中不能自拔。

最具代表性的事例是：直到上大学，刘海洋才学会骑车。在生活上，他对母亲的依赖性依然很强，甚至走哪条路骑车上学安全也要向母亲请教。每周日，母亲为他买两个面包和一袋饼干作为早点，他肯定会按照母亲的安排，先吃面包，再吃饼干，即便天热面包坏了，也不会打破这种规律。

唯一的一次"反抗"出现在刘海洋填报高考志愿时。当时他喜欢生物，可母亲认为他该学计算机，就把他填写的志愿涂了，可他自己又给改了回来，母亲又改，他再涂。母亲告诉他要再改她就把志愿单撕了，他才哭着同意了。

虽然在数理化方面的学习能力一直为人瞩目的刘海洋，曾代表清华大学赢得全国大学生数学建模大赛二等奖，但是，他对文科不感兴趣。母亲特意给他买的唯一一部小说《水浒传》，他多年来碰都不碰。

知识结构的严重失衡导致了刘海洋认知领域的畸形心态。最后，才有了用硫酸残害大黑熊的一幕。

当然，并不是每一个偏科的孩子最后都会拿硫酸去残害大黑熊，刘海洋仅仅是一个极端典型的例子。但偏科对孩子的发展具有极大的危害性却是毋庸置疑的。

有专家通过跟踪调查研究发现：如果学理的学生不懂文，他的思维方式会受到很大影响，将来创新能力肯定不行。从现象上看，这种学生的表达能力、文字书写能力差，甚至无法把自己的观点在论文中很好地表达出来。从长远来看，将来他们毕业后科研项目的论证报告、申请项目、结题报告都需要好的文科知识。知识面的狭窄会影响他对新事物、新学科的接受，甚至还会妨碍学术交流，影响学生的进一步发展。

父母应该对孩子的"偏科"现象给予足够的重视，并及早加以解决。中小学是孩子的基础教育阶段，孩子们应该在这一时期为日后成才打下坚实的基础。任何一门课程的偏废，都会为日后的高楼大厦埋下严重的危害因素。从未来的工作需要看，日后每个人的工作都将是综合性的，且工作变动性很大、很快。一项工作、一个问题的解决，往往要用到许多领域的知识，培养复合型人才已成为国内外教育界一个公认的目标。

纠正学习"偏科"不是一蹴而就的，父母要有足够的耐心。家长不仅要保障孩子"优势学科"的发展，更要热情辅导孩子的"非优势学科"，善于发现孩子的点滴进步，及时予以肯定和鼓励，激发孩子对该学科的兴趣，增强信心。长期坚持下去，学习"偏科"的问题会逐渐得到解决。

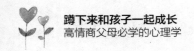

素质教育的五块"木板"

卡尔·威特教育理论的传播激发了天下父母新一轮的"天才"梦，父母们开始在孩子很小的时候就传授给他们知识，但并不是所有的父母都顾及孩子的全面健康发展，比如说彼德夫妇。

小彼德今年才6岁，但已经在爸爸妈妈的指导下学完了小学的所有课程。爸爸妈妈希望他也能在十几岁的时候进入哈佛读大学。现在，父母正四处找人，给他联系一所适合他上的中学，让他能继续接受教育。

彼德夫妇动机良好，可惜却走上错误的路线。片面追求某一类文化知识的提高，其结果很可能与自己的初衷大相径庭。现实中就存在这样一种耐人寻味的现象：在学校里成绩排在十名左右的孩子，在社会上往往比那些成绩总是一二名的孩子成功。专家们称其为"考试现象"。考试现象的根源在于部分家长片面追求智能发育，忽视了孩子全面素质的培养。殊不知，与单纯的智育相比，孩子综合素质的培养更为重要，只具备一种素质的孩子客观上只能划入"低能"的行列。

长期以来，我们一直在提倡素质教育，所谓素质教育，从其内容上讲，也就是要求学校、社会和家庭对学生的德、智、体、美、劳等方面进行综合提高的教育。如果把素质教育比作"木桶"的话，它由德育、智育、体育、美育、劳动技能教育五块"木板"组成。

在由德、智、体、美、劳五块"木板"围成的素质教育中，不少的老师和家长都非常重视智育这块"木板"的长度，而现行的升学制度、考试制度等考核方式，无疑也加剧了包括学生在内的人们对智育的畸形重视。

要使素质教育收到最好效果，也就是说，要使这只"木桶"装上最多的"水"，智育当然是其中十分重要的内容，但是，也绝不能因为重视智育而放松了德育、体育、美育和劳动技能教育。

事实上，很多的学校、家庭中出现的问题都已经给我们敲响了警钟。有的放松了对学生的思想品德教育，导致他们犯罪；有的不重视学生的体育，结果一些成绩优秀的学生成了"豆芽儿"体型；有的不注意学生的美育，导致他们

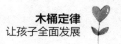

盲目接受社会的反面文化……种种不良的社会现象提醒我们：无论是学校，还是家庭、社会，都不要单纯地追求某一方面的教育。

"只要学习好，就一好百好，其他诸如德、体、美、劳等无所谓"，这种观点是错误的。"重智力、轻德育"会导致孩子的畸形发展，造就一批高分低能、心理不健康、人格不健全的孩子。

手表定律
给孩子确定明确的目标

尼采说：兄弟，如果你是幸运的，你只需有一种道德而不要贪多。只有一只手表，就可以知道是几点，"两只手表"并不能告诉孩子更准确的时间，只会让孩子失去对准时的信心。它会把孩子弄得无所适从，心力交瘁，不知自己该以哪一个为标准。

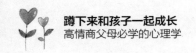
手表定律

只有一只手表，可以知道是几点，拥有两只或两只以上的手表，有时却无法确定是几点。两只手表并不能告诉一个人更准确的时间，反而会让看表的人失去对准确时间的信心——这就是知名的"手表定律"。

"手表定律"给我们非常直观的启发：一个人不能由两个以上的人来指挥，否则将使这个人无所适从；一个人不能同时选择两种不同的价值观，否则，他的行为将陷于混乱。同样，一个孩子不能同时接受父母不一致的教育，否则，他将无所适从；一个孩子不能同时接受父母给予的两种价值观，不能接受两个以上的目标，否则他的生活将陷于矛盾中。

你培养孩子的目的是什么？这是所有父母都必须认真思考的问题。

你希望自己的孩子变成怎样的一个人——大富翁？艺术家？企业家？演说家？手艺超群的厨师？广受欢迎的年轻人？给残疾儿童带来希望的老师……

不管你希望他变成怎样的一个人，对他自己来说，他需要的是能够做自己真心想做的事情，建立唯一的价值观，拥有一只"手表"。

而实际情况是，孩子总是被教育去满足父母的期望，去适应老师替他们塑造的模式，从来就没有机会考虑自己有什么样的期望。更为严重的是，有的父母甚至给孩子的是两只或两只以上的"手表"：

他们总是教育孩子要尊老爱幼，可是当孩子在公交车上给老人让座时，受到的是父母的厉声呵斥；

他们总是教育孩子做人要诚实，可是当自己遇到不乐意做的事情时，谎话总是顺口就来；

他们总是教育孩子今后要从事高科技行业才有出息，可是又不停地带孩子参加各种的艺术学习班；

他们总是告诉孩子要为自己而活，寻找自己人生的价值，可是总是习惯性地拿自己的孩子跟别人的孩子比较；

……

迷茫的孩子不知道自己究竟该听哪个，是父母的言语呢，还是父母的行为？是自己的心声呢，还是周围人的意见？

"两只手表"并不能告诉孩子更准确的时间，只会让孩子失去对准时的信心。它会把孩子弄得无所适从，心力交瘁，不知自己该信仰哪一个。父母真正应该做的是引导孩子选择其中较信赖的一只，尽力校准它，并以此作为孩子的标准，听从它的指引。

特长早发现，天才早培养

法国一家报纸进行智力竞赛时有这样一个题目：

如果卢浮宫失火，当时情况只可能救一幅画，那么你救哪一幅？

多数人都说要救达·芬奇的传世之作——《蒙娜丽莎》。结果，在成千上万的回答中，法国电影史上占有重要地位的著名作家贝尔特以最佳答案赢得金奖。

他的回答是："我救离出口最近的那幅画。"

这个故事说明一个深刻的道理，成功的最佳目标未必是最有价值的那个，而是最有可能实现的那个。

年仅12岁的罗锐已经有44份证书了。这里面有绘画比赛的，有钢琴演奏的，有数学竞赛的，有作文比赛的……甚至还有英语四级证书。

罗锐是从3岁开始加入"考证"大军的。3岁的时候他就开始钢琴演奏，从第一次登台演出至今，参加的各式各样的演出和比赛不下百次。父母一心望子成龙，他们不想失去任何一个可以使罗锐得到锻炼的机会，认为每一个证书对罗锐的将来都会有帮助，因此，不惜让12岁的儿子承受巨大的压力。对此，爸爸说："我相信孩子以后会明白我们的苦衷的。"

因为"被迫"忙于考证，罗锐放学后基本不回家，抓紧时间赶去另一个地

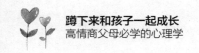

方学习，双休日也不能休息，晚上常常只能睡两三个小时。"长这么大，我还从来没到公园玩过。"罗锐遗憾地说。

不加选择地为孩子的未来做很多规划，是很多父母的毛病。孩子们在没有一个准确定位的人生道路上疲于奔命，更多的精力浪费在以后不会用到的特殊技能的学习上，真正有用的也可能因此而耽误。

美国作家梭罗说：我们的生命都在芝麻绿豆般的小事中虚度，毫无算计，也没有值得努力的目标，一生就这样匆匆过去，因此国家也受到损害。

因此，在人生的路上，做好选择，有所取舍是必不可少的。放弃什么，选择什么，是一门艺术。人们常说"舍得"，舍得舍得，有舍才有得。有时，放弃就是获得。培育孩子也是同样的道理，什么都想学，往往什么都学不精；什么都想得到，往往得不偿失。

珍妮·古道尔喜欢研究野生动物，她清楚地知道，自己并没有过人的才智，但在研究野生动物方面，她有超人的毅力、浓厚的兴趣，而这正是干这一行所需要的。所以她没有去研究数学、物理，而是到非洲森林里考察黑猩猩，终于成为著名的科学家。

实际上，每个人都有很多优点和才能，这些优点便是你成功的关键。等到你能清晰地看到自己的特长，确信能在什么方面取得贡献，你便开始迈向成功。相反，如果你看不出自己的优点和才能，盲目跟风，最后肯定无法如愿以偿。

中国有句古语：好的开始是成功的一半。帮孩子寻找并确立一个好的开始，努力之前，先弄清方向，远比一开始就埋头追赶别人要来得有效率。

切忌把自己的期望当成孩子的目标

拥有两只手表，会让我们没法校准时间，但如果一只手表也没有，孩子们就连一个标准也没有了。

美国的前任副总统阿尔·戈尔和他的妻子蒂珀一直牢牢记着这样一句话：做一只狗要有目标，更何况是做一个人。

故事起源于一个小小的生活片段。戈尔夫妇打算养一只小狗，让它陪着两个幼小的孩子玩耍，另外看房子。小狗被抱回来以后，他们就请驯狗师帮忙训练它。

听完他们的想法，女驯狗师问道："小狗的目标是什么？"

夫妻俩面面相觑，很是意外，他们嘟囔着说："一只小狗的目标？当然就是当一只狗了。"他们也确实想不出狗还有什么另外的目标。

女驯狗师极为严肃地摇了摇头说："每只小狗都得有一个目标。没有目标的狗是训练不好的。"夫妇俩商量之后，为小狗确立了一个目标：白天和孩子们一道玩，夜里看家。后来，小狗被成功地训练成了孩子的好朋友和家的守护神。

每只小狗都有自己的目标，何况是人。没有目标的人生活是没有方向的，他离成功也就越来越远。

我们父母常常把自己的期望当成孩子的目标。但是，孩子渐渐在长大，不论父母的期望怎样的美好，都不是自己的。除非有一天，这个期望已经成功地移植在了孩子自己的心底，生根发芽，长成了孩子的目标。

世俗的流转不是孩子的目标。也许社会上正流行某一种追求，或者某件事情比较有市场。但这并不代表你的孩子也有一样的价值取向。父母间的盲目攀比会让你觉得，如果孩子能够符合大众的口味会使你很有面子，但是在满足你虚荣的同时，你付出的代价也许就是孩子一生的幸福。

正确地帮孩子选择价值观，最好还要知道某种价值观对孩子的重要性达到什么程度，以及想用什么方式来表现。

当孩子选择了最重要的事情时，他的价值观会影响他的决定。如果你想给孩子一个非常充实、自由的人生，那么你就要给孩子选择手表的自由。

百万富翁还抱怨什么？

有个大学生，一直热爱画画，大学毕业后，他出国留学继续深造。可是，在国外的生活太拮据了，读书之余，他还要靠打工赚生活费。

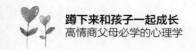

后来，有人介绍了一份工作给他：帮宾馆修剪草坪。这个工作和画画毫无关系且大相径庭。修剪草坪不仅需要一身好体力，而且剪草坪的剪子还会把手磨得粗糙不堪。

起初年轻人很不情愿，因为他的梦想是当一名油画家而不是草坪工人。但现实是不能由自己的意愿决定的，他只好一次次地去宾馆外面，对着草坪和灌木，不断重复单调的工作。

在国外的3年时间里，他就这样一直靠帮各种宾馆修剪草坪谋生。渐渐地他发现，修剪草坪并非总是那么枯燥。有一天，他不小心铲坏了一块草皮，想了很多办法来挽救这个错误，当经过修复的草坪看起来比原先还要漂亮整洁时，他突然发现自己已经深深爱上了这个行业。

从此，年轻人花了更多的心思在修剪草坪、花卉整理上。渐渐地，他的园艺技术越来越高，慕名请他前去替自己修剪草坪的人越来越多，他挣的钱也越来越多，生活日渐好转，年轻人再也不用亲手修剪那些草坪了，他的意见甚至比他的技术更值钱。

转眼间，又两年时间过去了。靠着修剪草坪这项技术，年轻人挤进了百万富翁的行列。他买了房子，过上了富足的生活，再也不用打工挣钱维持生存了。父母朋友都替他感到欣慰，说他终于实现了梦想。然而，年轻人并不是很开心，他总觉得自己的生活缺少点什么，直到有一天要搬新家了，整理旧行李的他突然翻出了自己当初学画的画板、画笔等，看着这些自己曾经的梦想，年轻人迷茫了：自己现在究竟算是成功呢，还是越来越偏离梦想了呢？

成功完全是种个人现象，完全属于个人认知的范畴。不同的人，成功有着不同的意义。假如违背了自己的价值观，不管达到什么样的目标，你都不会有太多的成就感。

一位慈善者想帮助一个酒鬼。他为酒鬼租了房间供他清醒，并提供饭食和衣服，他还为酒鬼找了份工作，使他能重新开始生活。可这个酒鬼说："我不想工作，我就想当个流浪汉。我不要人供养，我只要自由自在。"

有位受过高等教育的年轻人，他完全可以在繁华的都市找一份报酬很高的工作，但他选择了到贫困落后的地区当一名教师。他的生活清苦，但他认为自己正在做真正重要的工作，他为此感到安心。

每个人对成功的定义都不一样，每个人都有着不同的优点、兴趣、目标和价值观。要想成功，你一定得对自己诚实，你一定得尊重自己的本质。你必须平衡你的生活，平衡你所有的希望和需要。

为了保持这种平衡，你必须依据你的本质做出选择。这些抉择包括你所做的每一件事——从挑选衣服到选择房子，从从事什么工作到闲暇时要和哪些朋友在一起。要成功也就要自我负责。你最好试着自己做出决定，不要让他人的建议来影响你，因为只有你自己才知道自己需要什么。

让孩子知道：清楚自己在做什么是最重要的，别人如何看待你的工作、决定、努力、动机或成就，这些都不要紧，因为只有我们最清楚自己所作所为的重要性。我们必须依据自己的价值和信念评估自己一生的作为。

他人的掌声及喝彩固然令人高兴，但最重要的还是你对自己的评价。如果你已经知道自己真正的需要，就没必要再去征求他人的意见。在这个时候，任何人的建议都只会影响你的自我判断和决心，对你来说，最好的办法也许就是忠于自我，勇于实现自我。

孩子也有他的价值观，你的孩子想走的也许不是你已为他扫平荆棘的那条路，不要让孩子为了他人的喝彩调整自己的手表，也不要让孩子因为父母手表的时间和自己的时间不同而混乱了生活。

禁果效应
别把孩子的友情当爱情

　　早恋对青少年而言是正常的，家长不必把它看成大逆不道的滔天大罪，施以重压。更不应该粗暴干预，而应该理解他们的需求，帮助孩子树立正确的爱情观，了解爱的真谛，以平等的姿态与他们交流自己对人生、爱情、学业的感悟。

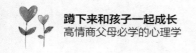
禁果效应

"禁果"一词源于《圣经》，它讲的是一名叫夏娃的年轻人原本对智慧树上的果实熟视无睹，但上帝着重强调不准任何人偷摘果实，这引起了夏娃的注意和兴趣，最终偷吃了禁果，被上帝贬到人间，后来人们把这种被禁果所吸引的心理现象，称之为"禁果效应"。

在现实生活中，我们也能常常见到这种现象，父母的干涉非但不能减弱恋人之间的爱情，反而使感情得到加强。由于青少年处在特殊的发育期，好奇心强，逆反心理重，因此，人为地干预就会出现禁果效应。父母的干涉越多，反对越强烈，恋人们相爱就越深。

德比和艾丽斯是13岁的中学生，青春期情感的萌动使他们相互吸引走到了一起。一开始，老师和家长都竭尽全力干涉，然而，这种干涉反而为两个孩子增加了共同语言，他们更加接近，俨然一对棒打不散的鸳鸯。

后来，校长改变了策略，他将孩子和老师都叫去，不仅没有批评孩子们，反而说是老师误会了他们，把纯洁的感情玷污了。过后，这两个孩子还是照样来往，但是没过多久，他们就因为缺乏共同点而渐渐疏远，最终，由于发现对方与自己理想中的王子和公主相差太远而分道扬镳。

心理学家的研究发现，越是难以得到的东西，在人们心目中的地位越高，价值越大，对人们越有吸引力，轻易得到的东西或者已经得到的东西，其价值往往会被人所忽视。

其实，处在青春期的孩子都希望自己能够独立自主，不愿意成为被人控制的傀儡，一旦别人越俎代庖，代替自己做出选择，并将这种选择强加于自己时，就会感到自己的主权受到了威胁，从而产生一种心理抗拒，排斥自己被迫选择的事物，同时更加喜欢自己被迫失去的事物。

妈妈，我要和凯莉结婚！

有一个留学到德国的中国学生，有一天他到一位中国朋友家里做客，朋友的女儿凯莉一面在室内跳着舞，一面大叫着"我要转学，我要转学"。

原来凯莉刚到这家德国小学读书时，第一个黄皮肤、黑头发的女孩子的出现，在班上引起了不小的轰动。刚学完了一个学期，一个年仅9岁的德国小男孩彼德就宣布自己爱上了她。

这在德国学校里是常见的事，可在这个中国小女孩身上，凯莉的反应不是像西方小女孩那样得意，而是十分愤怒。而彼德却坦然地找尽一切机会对凯莉表示亲近。

有一天，凯莉生病了，向老师请了假。谁知彼德居然在班上大哭起来，说是没有凯莉，他就不能继续上课，他要回家。老师既没有批评他，也没有安慰他。

到了家，彼德哭着对妈妈说："妈妈，我要和凯莉结婚！"发生了这么可笑的事，在中国，家长即使不引以为羞，也会引起深深忧虑的。但在德国，却全然不是这样。

中国留学生好奇地向朋友询问彼德的妈妈是如何反应的。朋友说："彼德的妈妈听完彼德的请求之后，摸着小彼德的头说道：'那很好啊，但是结婚要有礼服、婚纱、戒指，还要有自己的房子、花园，这要花很多很多的钱，可是你现在什么也没有，连玩具都是妈妈给你买的。你要和凯莉结婚，从现在起，就得努力学习，将来才有希望得到这一切。'"从此以后，彼德为了能够娶到自己的"新娘"，在学习上比以前更加努力了。

面对孩子在异性面前的"非常"举动，父母要认识并接受孩子青春发育期的生理和心理状态。处于成长发育期的孩子渴望与异性伙伴交往，问题的关键在于如何培养孩子形成健康的异性间情感。儿童虽不会有成年人的那种异性之爱，但有必要从小培养孩子能与异性建立健康的情感，使他们能够理解异性，尊重异性，能与异性建立自然的、友爱的关系，同时也很好地促进了孩子人际关系的充分发展。

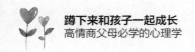
玛莎的异性朋友

"早恋"往往是个吓人的话题。不少父母对孩子——尤其是女孩与异性的交往十分警惕，十二分担心，害怕她们会早恋，更担心她们由于无知、好奇而发生难以挽回的后果。其实，这种担心是多余的。

玛莎是一位漂亮而又文静的初一年级学生，她觉得现在的父母太不理解孩子的感情了。玛莎为什么有这样的看法呢？

玛莎在六年级时和班上一位叫比尔的男生很要好，一天放学后，她高兴地告诉妈妈，说很喜欢和比尔在一起。妈妈听后不容分说就把玛莎教训了一顿，她十分委屈，但又无处诉说。时间一久，原来那个活泼开朗的玛莎逐渐养成了孤僻的性格，不再愿意和任何人交流，玛莎的变化让疼爱她的父母非常着急，他们恳请老师帮忙开导开导自己的女儿。

老师得知玛莎的"恋情"后也吃了一惊，他答应了玛莎父母的请求。后来老师找个机会和玛莎单独进行了一次交流。刚开始，老师谈起那个叫比尔的男生时，玛莎沉默不语，无论老师怎么诱导，玛莎也不肯主动谈自己和比尔之间的事情。后来老师问道："你为什么会喜欢比尔呢？"

"他成绩好，我有不懂的地方问他，他都帮助我，所以我觉得和他在一起感到很快乐。"

看来，这并不是孩子早恋的问题，而是玛莎与父母之间在接触异性小伙伴问题上的认识出现分歧，造成了父母和孩子之间的心理隔阂。

玛莎上初三时，母亲有一次查看女儿的作业，在女儿的书包里无意中发现了一名男生的作业本，她好奇地翻了一下，发现这名男生的作业本里夹着一片大大的玫瑰花瓣，花瓣上写满了文字，母亲仔细一看，原来竟是女儿写给这名男生的"玫瑰情书"！在信中，女儿表达了自己对班上这位"小帅哥"的喜爱。

玛莎的母亲在为女儿的行为感到可笑的同时，又感到巨大的震惊，因为她实在想不通，朦胧的爱慕之情怎么会提前出现在14岁的女儿身上。玛莎的父亲知道后也感到了问题的严重性，但又不知道该怎么办，害怕突然向女儿提及"爱情"会重复以前的错误，伤及孩子的自尊。于是认真商量后，女孩的父母决定轮番上阵，旁敲侧击，让女儿以学业为重，不要有学习以外的任何想法。

经过父母的引导，玛莎让父母放心，自己会好好学习，不会辜负爸爸妈妈的期望。看到玛莎的反应，父母吊着的心终于放了下来。然而过了一个星期，玛莎的母亲却看到女儿和一个男生亲昵地走在回家的路上……

玛莎回到家自然免不了接受爸爸妈妈的轮番教育，次数多了，女孩厌烦了父母的唠叨，索性宣布要搬到学校去住。

果然，第二天玛莎的父母下班后看到女儿的衣服和被褥不见了，书桌上有一张女儿给他们的留言条：

爸爸、妈妈：

请不要以你们的眼光来看我，我不是早恋……一个人的成长是需要友情的，我已经开始长大，渴望得到周围人的爱和友谊……

玛莎

看到这里，玛莎父母觉得自己以前的担心是完全的多余的。其实，很多时候，老师和家长一旦发现孩子早恋，往往感到震惊和愤怒，很少有家长和老师去认真探究孩子"早恋"背后的真实情况，即孩子与异性朋友之间是不是真的出现了像成人一样的恋情。

所以，家长在面对孩子这方面的问题时，千万不能疑神疑鬼，草木皆兵，把一般的同学、朋友关系误认为是早恋，而要细致观察、分析，确定孩子是否真的是在早恋。即使孩子出现了早恋，父母也要正确对待，不能急躁、粗暴，而是要采取孩子能接受的方式，正确引导他们走出花季的迷茫。

据调查，90％的孩子在8—15岁间会有很亲密的异性伙伴，这种异性伙伴关系并不能称为"早恋"。尽管孩子在与异性交往中有些问题需要与父母交流，而孩子也需要父母的教化，但是，父母首先要承认孩子的这种情感是美好的、圣洁的，是孩子纯真性格的体现。父母应尊重孩子的这种感情，而不能用成年人的观念无端干涉、横加指责，否则就关闭了与孩子交流感情的闸门。

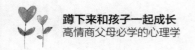

如果你变成孩子

汤姆是一个初中生，从小到大，他一直是个很听话的孩子，学习也很好，每次考试他总是能够得"A"。但在最近一个阶段，汤姆的学习成绩有所下降。

一次在给汤姆整理房间时，母亲发现了汤姆与同学之间写的一些字条，其中不少以老婆、老公相称，并有涉及性的内容。经过进一步的观察，母亲发现汤姆与一女生有恋爱的倾向。

母亲非常担心儿子陷入早恋影响学习，为此她严厉的批评了汤姆。汤姆内心很不以为然，但他向母亲表示以后一定会专注学业。

此后不久，母亲又发现儿子有了异常的举动，先是在儿子的内衣里发现了"秘密"，然后就是儿子放学回到家后，躲在自己房间小声通电话。

于是，母亲决定躲在汤姆学校的门口抓一次"现行"，好好教育他们。不巧的是，汤姆的母亲并没有侦察到什么蛛丝马迹。尽管如此，她仍然认为汤姆与那女孩暗中仍有联系。一怒之下，母亲动手把儿子痛打一顿，并逼着儿子跪地发誓，从此以后不再与那女孩来往。

这件事让他们母子关系十分紧张，在母子以后的相处中，汤姆处处和母亲作对。母亲让他扫地他偏拿起擦桌布，母亲告诉他关门的时候轻一点，汤姆偏偏让门发出重重的响声。汤姆在内心里对母亲充满了敌视。

母亲毫无办法，于是批评儿子成了她唯一的教育手段，但这样的方法非但没有奏效，反而更加重了汤姆的逆反心理。看着因为早恋而颓废的儿子，心急的母亲不得已对儿子发出了警告："如果你再不听妈妈的话，不用心学习，妈妈就把这件事告诉你的同学和老师。"

终于，汤姆和妈妈大吵一架后离家出走了，一连几天他都没有回家。当母亲意识到自己的过激行为后，她开始发疯似的到处寻找儿子，但一切都为时已晚，因为三天后警察局的人告诉她："有人看到神情恍惚的汤姆从一座山上失足摔了下来……"

这是一个不应该发生的悲剧。每一个青少年的父母都应该懂得，随着孩子性心理和性生理的发展，少男少女开始意识到异性的存在，并开始对两性关系发生浓厚的兴趣，这就是所谓的"情窦初开"。青少年认为自己的情感与思想是独一无二的，他们渴望通过行为上的尝试、经验上的体会来确认自己的成长与独立。于是，早恋便在对异性的关注和对爱情的懵懂与憧憬中不期然地产生了。

父母们一般都深知早恋的严重危害，平时对孩子的异性交往监督很严，一有蛛丝马迹，必须要查个水落石出。这样做无可厚非，只是不少家长方法欠妥，总把中学生看作小孩子，不尊重孩子的人格尊严，私拆孩子信笺，查看日记，监听电话，动不动就要严加管教，看不顺眼就任意训斥、责骂，还不允许辩解，因为辩解就是"不听话""顶嘴""造反"。一旦发现早恋，更是不厌其烦地说教，甚至拳脚相加，控制人身自由。

其实，对于孩子与异性朋友来往较亲密的现象，家长大可不必大动干戈。要知道这是孩子刚刚萌发的性心理的正常反应，孩子在心理上逐渐意识到两性的差异时，他们都试图通过与异性（并非某一特别的异性）的正常交往来验证自己是否具有足够的影响力。如果其影响力能够得到证实，就会产生强大的自信，反而不容易出现"早恋"、越轨等情况。

青春期是人的"心理断乳期"，最显著的心理发展就是出现成人感，表现为强烈渴望自己被看作大人，要求在一切事情上和大人平起平坐，自己的事情自己做主，反对父母干涉。这时，如果父母强加干预就会出现意想不到而又不可挽回的悲剧。

一位父亲给儿子的忠告

随着人们物质生活的提高，儿童的精神世界却日渐匮乏，有调查显示，在我国电影、电视剧发行领域，言情剧占每年发行总数的50%以上，其中有"少儿不宜"镜头的影片约占总数的15%左右。物质水平的提高，使得越来越多的高蛋白高营养食品进入寻常百姓家，这些高营养食品极大地刺激了孩子身体机能的快速发育，加上耳濡目染的"不宜"画面，孩子们的生理和心理成熟期都

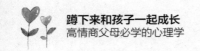

不可避免地有所提前。

有一位心理医生曾经接待过一个母亲，当时这位母亲显得很慌乱，说话也有点语不成句。经过医生的安慰和耐心询问才知道，原来，这位母亲有一个上小学六年级的女儿，有一天她无意中发现女儿有恋爱的倾向。

"我在整理女儿的床铺时，看见她的枕头旁边有两页稿签，展开一看，是一个男生写给她的情书。"这位母亲忧心重重地说，"我女儿刚上六年级，这该怎么办才好？"

"才六年级的孩子，怎么会谈'恋爱'呢？"医生问道，"情书是谁写的，又是怎么写的呢？"

"是她们班学习最差的一个男生写的。"这位母亲说着把那封所谓的"情书"递给了医生。情书上说："别看我现在是全班最后一名，你等着，我一定会成为第一名！我爱你！"

"写得不错呀，挺精彩！"医生笑着说，"看，你女儿能让一个差生下决心变成学习最好的学生，多有魅力呀。为国家现代化建设学习，他都不一定有那么大的劲头。你不用紧张。你女儿怎么说的呢？"

"女儿对我说，'有人喜欢我，说明你女儿特优秀，如果大家都不喜欢你女儿，你就高兴了？'"

"你女儿说得多棒，多幽默。"医生说，"愿意与你交流就是成功的第一步！如果接下来你说，'我的女儿能让一个男孩奋起努力，真了不起！'沟通就到位了。"这么做女儿就会觉得妈妈那么善解人意，"够哥们儿"，妈妈在女儿心中就变得更有亲和力了，以后遇到情感问题还会和妈妈说。

生活中有很多孩子，别看他（她）们年纪很小，心理却很成熟，这就需要父母和老师转变观念和思路，不能再用世俗的眼光去看孩子，更不能用狭隘的心理在孩子背后胡乱猜测，否则可能会出现与你期望相反的结果。每个孩子都渴望父母能理解自己，他们也都希望自己能与父母或老师坦诚沟通，所以在遇到孩子的问题，尤其是早恋问题时，父母和老师要尊重孩子的情感，耐心交流，理智分析，帮助孩子解除雨季的困惑。

有一位父亲在面对儿子与异性交往的问题时就非常智慧。这位父亲有一个上中学的儿子。有一天，儿子跟父亲说："爸，本人看上一个女生，聪明漂亮，学习成绩也很棒，我能跟她谈恋爱吗？"

"好啊，你能看上她，她看上你了吗？"父亲轻松地说。

"她也看上我了。"儿子显得很自豪。

"那很好，你能被一个女生看中，说明你很了不起；你能看中一个女生，说明你的眼界开阔了，如果你将来想在我们这里发展，你就跟她继续交往下去；如果你想在市里发展，你将来就应该在市里去解决这个问题；如果你想到省里发展，你应该到省里解决问题；如果你想到北京发展，你应该到北京解决这个问题；如果你想在世界发展，你应该出国解决这个问题。"

儿子听了说："关于以后在哪里发展，我还没有考虑，那我就等等再说吧。"

这位聪明的父亲用幽默而又不失理性的方式，有效地疏导了孩子心中的青春情结，可以说，在那里发展就在哪里恋爱，是父亲给儿子的一个重要的人生忠告。

由此可见，对待青春期早恋的孩子，与其把他们封闭起来，控制他的交往，不如打开大门，让孩子在广泛交往中学会与人沟通。

早恋对青少年而言是正常的，家长不必把它看成大逆不道的滔天大罪，施以重压。更不应该粗暴干预，而应该理解他们的需求，帮助孩子树立正确的爱情观，了解爱的真谛，以平等的姿态与他们交流自己对人生、爱情、学业的感悟。要用疏导代替禁止，要用交流代替权威。告诉他们这种纯洁的感情是值得珍惜的，但却是无结果的；要让孩子懂得，人的成熟不光是性的成熟，更体现在人格、精神等方面。

对于那些"早恋"的孩子，不是简单地采取打骂惩罚、道德约束所能奏效的，关键是要顺应其身心发展的规律因势利导。就像大禹治水一样，如果一味拦截，那么终有一刻，洪水会泛滥成灾。相反，根据水流加以有效引导，事情就会向你所期望的方向发展。可以说，对待孩子的"早恋"，疏比堵更为有效。

因此，做父母的对孩子一定要采取民主的教育方式，及早察觉到他们的思想状况，知道他们内心的真实想法，这样一来，孩子"早恋"的种子一旦萌芽，就能给予他们及时必要的疏导，这对于培养孩子开朗的个性、健全的人格是非常重要的。

同时，父母也可通过培养孩子广泛的兴趣爱好，转移早恋的兴奋点，使孩

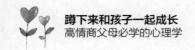
子的精神有所寄托。教导他们社交的技巧，如鼓励他们通过绘画、演出等方式表达情绪与感受，鼓励他们参加团体活动或适当的休闲活动来拓展人际交往，学会与异性合作，建立合宜的两性朋友关系。只要晓之以理，动之以情，给予孩子切实有效的帮助，早恋现象是可以克服的。

甘地夫人法则
让孩子勇敢面对挫折

　　孩子在成长过程中，既会有愉快的成功，也不可避免地会遇到各种挫折。挫折是不会以人的意志为转移的，也不是父母时刻呵护就能避免的。要让孩子知道，拒绝挫折，就等于拒绝成功。如果孩子在童年时期没有面对挫折的经验，长大以后就无法更好地战胜挫折。

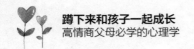
甘地夫人法则

印度前总理甘地夫人，是一位非常出色的女性。作为领袖，她对印度有着杰出的贡献；作为妈妈，她是孩子心中最好的导师。

甘地夫人认为，生活中有幸福，也有坎坷。教育的目的就是培养孩子健全的个性，使他们以后能够从容不迫地适应生活中的各种变化。作为母亲，她必须帮助孩子平静地接受挫折，发展自我克制的能力。

甘地夫人的儿子拉吉夫12岁时，因病要做一次手术。面对紧张、恐惧的拉吉夫，医生打算说一些"手术并不痛苦，也不用害怕"等善意的谎言来安慰孩子。可是，甘地夫人却认为，孩子已经懂事了，那样反而不好，所以她阻止了医生。

随后，甘地夫人来到儿子床边，平静地告诉拉吉夫："可爱的小拉吉夫，手术后你有几天会相当痛苦，这种痛苦是谁也不能代替的，哭泣或喊叫都不能减轻痛苦，可能还会引起头痛，所以，你必须勇敢地承受它。"

手术后，拉吉夫没有哭，也没有叫苦，他勇敢地忍受了这一切。

孩子在成长过程中，既会有愉快的成功，也不可避免地会遇到各种挫折。挫折是不会以人的意志为转移的，也不是父母时刻呵护就能避免的。要让孩子知道，拒绝挫折，就等于拒绝成功。如果孩子在童年时期没有面对挫折的经验，长大以后就无法更好地战胜挫折。

教会孩子勇敢地面对挫折，不但能使孩子在今后的人生道路上可以走得更加平稳，父母也少了许多不必要的麻烦。但这种教导要从孩子还是幼儿的时候就开始，从小培养他们直面挫折的意识和勇敢承受挫折的能力。

家长作为幼儿的第一任老师，在幼儿个性的形成过程中起着非常重要的作用。人的一生会经历许多痛苦和挫折，孩子经历的第一次挫折很可能就从吃药打针开始。

看着孩子满脸恐惧、浑身发抖、几近绝望的样子，听着他世界末日般的哀求："妈妈，妈妈，我怕，我怕，我不想打针。"家长不免有些心疼，但这是孩子必须经历的，也是必须独自承受的，因为人生的坎坷会远不止于打针吃药！

当孩子在生活和学习中遇到困难时，家长应教育孩子克服依赖思想，鼓励孩子独立面对困难。只有当孩子充分地感受到挫折带来的痛苦体验时，才会激发他们考虑如何解决问题、克服困难。若这个过程经常得到强化，孩子就会在挫折情景中由被动转为主动，从而战胜困难。

教会孩子面对挫折、战胜挫折，关键是要顺其自然，顺应孩子的发展规律。在生活中潜移默化地培养孩子承受挫折的能力，让孩子明白生活有苦有乐，还孩子以生活的本来面目，让孩子认识挫折，经历挫折，从而学会战胜挫折的本领。

当孩子遭遇挫折时，不要急不可待地冲上去

人生其实就是一场面对各种困难的"漫长战役"。孩子面对失败和挫折所表现出来的勇气和解决问题的技巧，是他们在艰难困苦中依然能够昂首挺胸、屹立不动的最大资本。

一家德国公司要招聘10名职员，经过一段时间严格的面试笔试，公司从300多名应聘者中选出了10位佼佼者。

放榜这天，一个叫萧恩的青年看见榜上没有自己的名字，悲痛欲死，回到家中便要跳河自杀，幸好亲人及时抢救，萧恩没有死成。正当萧恩悲伤之时，从公司却传来好消息：萧恩的成绩原是名列前茅的，只是由于电脑的错误导致了萧恩的落选。萧恩欣喜若狂。然而，德国公司却再次拒绝了萧恩，理由是：如此脆弱的心理，何以担当重任。

让孩子尽可能多地经历困难，他们的生命才更加充沛、丰盈，才能更好地在复杂的社会中生存。人的一生中将会遇到很多困难，当孩子遇到困难不知所措时，家长应该鼓励孩子勇于面对困难，让孩子转动脑筋，充分利用智慧自己

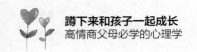
去解决，而不是父母亲自动手为孩子扫平道路。

无论我们的父母角色完成得如何出色，孩子在他们的成长道路上都将会不可避免地遇到许多问题、困难和挫折。对大多数父母来说，当孩子面对生活的种种挑战时，袖手旁观是不可能的。多年的社会经验和对孩子的爱，会使父母常常身不由己地去帮助孩子，自然而然地去给他们保护，让他们少犯错误，帮他们权衡利弊，以便做出较为理想的选择，这是做父母的一种本能反应，但这种本能却是一个误区。

当父母替孩子解决麻烦的时候，也便剥夺了孩子自己体验成败的机会，从而也纵容了孩子的依赖性，无法让他们从生活中体验战胜挫折后的自信。

作为父母，我们需要懂得如何教给孩子面对挫折和失望的正确态度，以及应对挫折和失望的正确方法。此外，让孩子参与到各种活动中，体验生活，经历挫折。通过亲身经历而获得的信息，比通过其他感官获得的信息在大脑皮层的痕迹要深，保持时间也长。

社会是个竞争激烈的大环境，让孩子从小经历一些风风雨雨的考验和艰难困苦的磨炼，方能有效地激发孩子生命的能量，使他们的自信力、创造力在危急与困难时刻发挥到极致，增长孩子竞争取胜的才干和驾驭生活的能力。

现实生活中，许多父母并不懂得如何培养教育自己的子女，他们出于对自己子女的无限"企盼"和万般"疼爱"，不仅不刻意地培养孩子直面挫折的能力，反而在孩子遭遇挫折的时候，急不可待地冲上去帮忙处理好。结果孩子连基本的自理能力、自立意识都缺乏，更别说从挫折中成长了。

作为一个理智、有头脑、有见识的家长，应早一些让孩子懂得挫折是人生正常的"待遇"，当挫折到来时，应该面对，而不是逃避，这样，孩子便会早一些坚强起来，成熟起来，以后的人生便会少一些悲哀，多一些壮丽。

一位日本母亲的"挫折教育"

有一次，一位日本母亲带着一双儿女，到中国朋友家做客，女主人非常高兴，热情地招待他们，包馄饨准备午饭。一只只小巧玲珑的馄饨摆放在一只大盘子里，很是诱人。这时，2岁的日本男孩走到桌边，顺手抓起一只生馄饨就往嘴里填，女主人想制止，日本母亲却说："让他吃，这样他才知道生的不能吃。"小男孩咬了一口生馄饨，很快皱着眉头吐了出来。

在送别日本友人离去的时候，日本小女孩走路不小心摔了一跤，哭着向母亲求助，母亲竟视若无睹，小女孩只好自个儿爬了起来。女主人对此很不理解，日本妈妈却说："让孩子从小尝试失败有好处。"

在日本，像这位母亲有意识地对孩子从小进行失败教育很普遍。他们的观念是：只有让孩子从小尝试失败才能使他们日后获得成功。

一位日本学者在谈到日本母亲对孩子进行"失败教育"的必要性时，说了这样一席话：孩子享有的幸福太多了，将来会吃不起苦，经不起挫折。对孩子进行"失败教育"，使他们在失败中学会生存的本领，将来才能自食其力。人的抵抗力、免疫力是一步步增强的，从无菌室里走出来的人，往往受不了细菌的袭击。

在生活中有的孩子遇到一点儿困难，就会沮丧、想不开，甚至采取一些极端的行为，如离家出走甚至自杀等。所以，家长要重视对"太顺"的孩子进行一些"挫折教育"，帮助孩子树立自信，无论顺境逆途都能坦然而对。

作为家长，首先要改变原来的教养态度，让孩子走出大人的"保护圈"，不要怕孩子摔着、碰着、饿着、累着，孩子摔倒了鼓励他自己爬起来，对挑食、偏食、厌食的孩子，饿他一两顿又何妨，孩子的事情让他自己做，自己能解决的问题，如要玩具自己去拿，衣服、裤子自己穿。在家庭生活中，要安排孩子做一些力所能及的事，切不可把孩子成长过程中的困难都解决掉，把他们前进的障碍清除得干干净净。

有的父母不愿看到孩子失败，下棋、玩扑克、游戏、竞赛时，总是想尽办法让孩子赢，这样做对孩子的成长没有好处，其实，作为家长，有时让孩子体验一点失败的滋味未尝不是好事，可借机培养孩子克服困难的勇气。

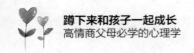

给孩子制造麻烦

在孩子前进的途中设置沟壑，把平坦的大道变成小道，让孩子勇敢地踏过去，这样，他们就会专注于脚下的路，才不至于误入歧途。

有一对农村夫妻四十得子，因而宠爱有加，在蜜罐中成长的儿子养成了一意孤行的脾性，做事毛毛糙糙，就连走路也走不好，时常跌进水田里，很是让望子成龙的父母焦心。

儿子7岁那年上了小学。顽皮的他走路喜欢东张西望，不是弄湿了鞋子，就是弄脏了裤子，哭鼻子成了家常便饭。

一天，孩子的父亲带一把锹去儿子上学必经的田埂上，在上面断断续续地挖了十几道缺口，然后用棍棒搭成一座座小桥，只有小心走上去才能通过。那天放学，儿子走在田埂上，看到面前一下子多出了这么多的小桥，很是诧异。是走过去，还是停下来哭泣？四顾无人，哭也没有观众啊。最终他选择了走过去。当背着书包的他晃晃悠悠地通过小桥时，惊出一身冷汗。他第一次没有哭鼻子。

吃饭的时候，儿子跟爸爸讲了今天走过一座座小桥的经历，脸上满是神气。父亲坐在一旁夸他勇敢。

妻子对丈夫的举措有些不解，丈夫解释道："平坦的道上，他左顾右盼，当然走不好路；坎坷的路途，他的双眼必须紧盯着路，所以才能走得平稳。"

故事中的儿子就是如今赫赫有名的"经营之神"松下幸之助。他的父亲松下三郎在他9岁那年因病去世，去世前他一再叮嘱小松下的母亲："在孩子成长的路上，一定要设置一些他能独自跨越的障碍，如果你一味地给他提供顺境，等长大后，一旦遭遇挫折，必然会经受不住打击，而产生种种令人意想不到的后果。"

挖断孩子顺利前进的路，培养他们直面困难、战胜困难的勇气和信心，他们今后的人生就会少些失败多些成功。

有不少家庭尤其是独生子女家庭，父母总是怕孩子吃苦，从小对他们娇生惯养，使孩子养成衣来伸手、饭来张口的不良习惯。有些孩子考上大学，不但要父母陪着到学校，还要父母替他们办理各种入校手续。一些孩子离开父母后，独立生活能力很差，不会料理自己的日常生活。有的家长还陪同孩子上学，当孩子的"保姆"。更加令人担忧的是，一些孩子从小不但吃不得苦，而且心理承受能力极差，经不起一点生活的考验。

因此，每一个父母都应该懂得：克服困难，正确面对失败、挫折是孩子人生成长的必修课。困难和挫折可以磨炼人的意志，这对于孩子的健康成长有深远的意义。因为没有困难的存在，或不敢迎接困难的挑战，孩子就不可能形成坚强的意志，而意志薄弱的孩子将很难成材。

人们常说："困难像弹簧，你弱它就强。"父母应鼓励孩子面对困难、不怕困难、克服困难，做生活的强者。有位教育家说过：如果孩子的生命是一把披荆斩棘的刀，那么挫折就是一块不可缺少的"砥石"，为了使孩子生命的"刀"更锋利些，应该坚决摆脱"过分保护"的教育方式。

儿子遇难，船王责无旁贷

经历过挫折也就得到一定的经验教训，而这些教训是父母给不了的，只能靠孩子自己在实践中体会。所以父母要慷慨地让孩子经历挫折，给予他们实践的机会，给予他们失败的机会，给予他们得到教训的机会。

有个号称船王的船长，他的驾驶技术非常高超，每次远航时都能按时归来，即使多次在大海上遭遇肆虐的台风，也能够平安逃生。在与大海和台风搏斗的经历中，船长的驾船技术日趋完善。周围常年航行的人都没有到过遥远的非洲岛屿，但是，船长却可以轻松自在地往来其间。

时光荏苒，船王的儿子已长大成人。自儿子小时起，船王就把他带在身边，手把手传授儿子驾船技术，并把自己大半生的航行经验悉数教给他，比如如何对付海中的暗流、如何识别台风前兆、如何采取应急措施等。

儿子很聪明，没多久他就掌握了扎实的驾驶技能，而且也学到了怎样识别台风前兆及应急知识。看到儿子有了丰富的经验，船王很放心地让他一个人驾

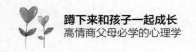
船出海了。

但让所有人都没想到的是，船王的儿子在航行中遇到一次中级风浪而葬身海底，据说那次风浪是渔民们经常遇到的，并不可怕，只要措施得当，完全可以躲开。

面对儿子的死亡，伤心悲痛之余，船王怎么也想不明白，自己曾遭遇过无数次的台风，甚至飓风都能安然无恙，儿子又得到了自己所有的出海经验和驾船技术，他绝对不比其他任何渔民的驾驶技术差。可是，儿子居然在一中级风浪中丧了生，究竟是怎么回事？问题出在了哪里呢？

周围的渔民得知消息后纷纷来安慰他。这时，有一位老人问船王："你一直手把手地教他吗？"

"是的，为了能让他学到更丰富的驾驶技术，我教得非常认真。"

"他以前出海，你是不是都一直跟着？"老人又问。

"是的，那样我能传授他更多经验。"

老人说："看来，这其中更多的是你的过错啊。"

船王顿时迷惑不解。

"很明显。"老人解释说，"你只能传授他经验，却不能传授他教训。对于任何经验来说，没有教训作为根基，经验只能是纸上谈兵，而很多现实情况下，教训所带来的意义远远要大于经验本身。"老人顿了顿，又说，"也就是说，教训比经验更重要啊！"

知识或技能的掌握常常需要经验和教训相结合，需要成功和挫折相切磋。父母教给孩子经验后，应该让孩子及时去实践。如果成功了，那他领会到父母教导的正确，而且父母的正确教导也会真正植入他的内心。如果失败了，他会恍然大悟：原来他们说的是对的。或者他会发现父母所讲的并不一定是适合自己的。无论哪一种情况，他都不会在同样的问题上犯相同的错误，也就是说一个人只有经历过失败才能避免更大的失败。

对孩子的教育，让他们在自己的经历中得到教训，往往比父母传授的正面的经验更加深刻。教训的意义不仅在于指明行不通的错误路径，更在于能让人深刻体会到正确的价值。孩子可以通过体会失败的痛苦，在失败中磨砺自己坚韧的秉性，从而使挫折转化为自己成长的财富。

心理学家马斯洛说过，挫折未必总是坏的，关键在于对待挫折的态度上，同样的挫折既可以产生消极的情绪，甚至心理障碍，也可以磨炼他的意志使他奋发向上。

困难、失败、挫折，没有人喜欢，但它是客观存在的，对于成长中的孩子来说，它又是一笔难得的财富，它是天才的垫脚石、磨刀石，是成才的沃土。古今中外，凡成就大事业、大学问者，都与受过磨难有内在的联系。正所谓，自古英雄多磨难，苦难造就天才。

作为孩子，对周围的人和事物的态度常常是不稳定的，易受情绪等因素的影响，在碰到困难和失败时，他们往往会产生消极情绪，不能以正确的态度对待失败和挫折。这时，家长要及时告诉孩子，"失败并不可怕，你要勇敢，你一定会做得好的"，"从失败中吸取教训，看一看下次怎样做"等等。家长要有意识地将孩子的失败作为教育的契机，引导孩子重新鼓起勇气大胆自信地再次尝试，同时，还应让孩子明白人人都可能遇到困难和挫折，而困难和挫折是可以克服的，教育孩子敢于面对困难和挫折，树立战胜困难和挫折的勇气和自信心，提高他们克服困难和抗挫折的能力。

真爱法则
教育的真谛是爱

　　爱，并不是孩子要什么就给他什么，也不是给他多少钱满足他的物质需要，而是给孩子一种精神上的温暖和鼓励，让他明白父母的苦心和期望，从而改变自己不良的行为状态。

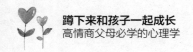
真爱法则

　　布赖恩有一个嗜酒如命的单身母亲，在他很小的时候，就习惯自己准备好书包上学了。每次放学回到家里，他都发现自己的妈妈又喝醉了。在这种环境下成长的小布赖恩整日神情忧郁，不爱说话，明显缺少其他小朋友那种活泼向上的朝气。在上小学一年级的时候，布赖恩被诊断出患有注意力不集中症和中度语言障碍。

　　那么，在缺少家庭温暖的情况下，是什么驱使他去上学的呢？布赖恩说："好像每年都会有至少一个老师夸我的作业。因为他们，我才坚持着做我的作业。在结束小学的课程后，我上了一所中学，但我几乎已经失去了继续学习的动力，就在这时，我的中学校长知道了我的情况，他照顾我、关心我。每次逃学，他总会把我叫到办公室去谈话，好像是老爸一样。因为他，我才顺利从中学毕业并考上了一家规模大一点的高中。"

　　布赖恩进入高中后，再也没有人像以前的校长那样关心他爱护他了。布赖恩又回到了先前没有人管教的生活，他开始不断地逃课，不久，他被学校处以留校察看的处分。

　　布赖恩的高中生涯大部分时间是和一群比他年龄大一点儿的小混混们度过的。后来，布赖恩参与了一起群殴事件，其中一个少年被打成重伤。此后，布赖恩被带进了少年犯管教所，那年他刚满14岁。

　　在管教所，布赖恩遇到了一个慈爱的老师。在这位管教老师的关怀和教育下，布赖恩重新点燃了对学习的兴趣。在他获释之后，布赖恩被保送到一所中等学校完成了高中学业，后来他又顺利考上了一所文科艺术学院并获得了全额奖学金，读书期间因参加全美大学生艺术创作大赛荣获一等奖而闻名全国。毕业后，布赖恩设计的一件艺术品被华盛顿艺术博物馆永久收藏。

　　美国"儿童问题"专家、教育学家威廉·歌德法勃将布赖恩的成才归功于

"真爱法则"。他说:"爱,是一个孩子向前的全部力量,教育的秘诀就是爱,教育的捷径就是爱之路。很多家长老师对调皮捣蛋的孩子进行教育后看到没有任何效果,就认为这些孩子无药可救了,于是家长老师也就失去了耐心,放任自流,结果只能使孩子流浪在犯罪的边缘。"

作为家长和老师,要从内心接受孩子调皮捣蛋的行为,倾注全部的爱去浇灌他们幼小的心灵,给他们以无微不至的细心呵护,并时时警惕他们在道德品行上可能出现的偏差,就能将"问题孩子"教育成"闻名孩子"。威廉·歌德法勃认为:"教育孩子最重要的,是要把孩子当成与自己人格平等的人,给他们以无限的关爱。"

有爱就有奇迹

每一个孩子都是可以塑造的,只要我们多点耐心,让爱成为孩子坚持下去的力量,即便是顽石也会被塑造出各种美幻的形象。

一位母亲带着10岁的儿子多洛在一片草地上玩耍。多洛正用一只做得很粗糙的弹弓打一个立在地上,离他有七八米远的玻璃瓶。多洛打出去的弹丸忽高忽低,忽左忽右,有时竟把弹丸打偏一米!这简直是同龄孩子中弹弓打得最差的孩子。

多洛的母亲坐在草地上,不断从一堆石子中捡起一颗,轻轻递到孩子手中,她微笑着说:"嗨,多洛,你真棒!差一点就击中目标了。"母亲的话语流露出关爱和鼓励。

多洛打得很认真,他屏住气,对着目标瞄了很久。相信每个人见到多洛的瞄准都会认为这次一定又是打不中,果然不出所料,弹丸落下的地方离目标瓶子的距离实在相差太远。

可多洛还是不停地瞄准、不停地射击,母亲也很有节奏地给儿子递着石子,并不停地鼓励他:"很好,多洛,再努力一下你就能击中瓶子了。"多洛得到母亲的鼓励后更加充满了信心。

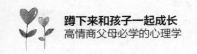
一位路过的年轻人看到这种情形感到很有趣，于是走上前去对多洛的母亲说："让我教他怎样打好吗？"

"啊，谢谢，不用了！"多洛的母亲对年轻人笑了笑。然后看着孩子，轻轻地说，"他看不见。"

年轻人怔住了。"可是他……怎么能打中呢？"

"我告诉他，总会打中的。"母亲平静地说，"关键是他做了没有。"

正在说话间，一声清脆的瓶子碎裂声从不远处传来，多洛兴奋地叫道："我成功喽，我成功喽。"

要让一个生理不健全的孩子健康成长，父母需要付出极大的心血。而作为残疾儿童的父母，最重要的是要拥有一颗平常心，要对孩子有耐心和信心。哪怕天下所有的人都不看好孩子的未来，做父母的也要眼含热泪地耐心鼓励他、欣赏他、赞美他。世界上没有种不好的庄稼，只有种不好庄稼的人。同样，世界上也没有教不好的孩子，只有不懂得教育的家长和老师。

故事中的母亲让自己双目失明的孩子玩正常孩子所玩的游戏，耐心地递石子，面对孩子一次次的失败毫不气馁，坚信他一定能成功。孩子最后能够成功地击中玻璃瓶，离不开母亲的耐心鼓励。鼓励就是一种爱，虽然孩子并不知道这其中蕴藏着什么样的能量，但他相信："只要做了，就有可能击中。"事实就是这样，奇迹往往伴随着爱才能够出现。

父母忽略的最重要一点

苏联教育家苏霍姆林斯基说得好："要善于爱孩子，教育的真谛是爱，爱的真谛就是给孩子以精神上的温暖、关怀、鼓励和帮助，而不是其他任何东西。"

吉娜在孩子上中学的时候到英国去了，把孩子留在了美国，每个月她都要给孩子寄来一大笔生活费用，结果才去不久，孩子的功课就开始退步，也慢慢变得沉默寡言，每天都好像心事很沉重的样子。高考到了，孩子好不容易才考上了一所大学，却又没心思好好念，整日和一群狐朋狗友东游西荡，没过多久就被学校记满三次大过，受到了勒令退学的处分。吉娜这才觉得事态严重，慌了手脚，急急忙忙地从英国赶回来。

面对现实，吉娜束手无策："该怎么办呢？"吉娜向一位教育专家征询意见。

"现在唯一的办法就是给孩子充分的关怀，用爱鼓励他振作起来，帮他找到学习的乐趣。"教育专家说，"当他最需要爱的时候，你没有及时给予，现在他已经长大了，有自己的想法了，更何况长期在外面游荡，已经变成他的一种习惯，因此，要想改变他，必须要用父母的关爱来滋润孩子几近荒芜的心灵，使之复苏。"

吉娜疑惑地说："我也很爱孩子啊，每月都给他寄足够的生活费，要什么就给他什么，让他衣食无忧，谁想到他这么不争气。"

"爱，并不是孩子要什么就给他什么，也不是给他多少钱满足他的物质需要，而是给孩子一种精神上的温暖和鼓励，让他明白父母的苦心和期望，从而改变自己目前的行为状态。"教育专家最后说。

很多父母在有意无意之间都误解或错用了爱，就像吉娜说的，孩子"要什么就给他什么"，孩子要买东西父母赶忙给他钱，难道说还不爱他吗？

错！这不是爱，这只能是满足他一时的物质享受而已，怎么算得上是爱呢！真正的爱应该是去关怀他、帮助他、引导他，让他感受到亲情的温暖，这些不是金钱所能替代得了的！哲学家卢梭说过："不要对孩子百依百顺，那样会使孩子成为不幸的人。"

孩子的成长需要父母的呵护和关爱，但爱孩子并不是肆意宠爱，让他想干什么就干什么。对于正在成长的孩子，很多时候，和父母进行情感上的交流远远胜过物质上的需要，尤其是处在生理发育期的孩子，他们有太多的迷惑、欲望、兴奋、悲伤等情绪需要一个可信赖的倾吐对象，而父母无疑是最佳的人选。

孩子的尽情宣泄能够使他们的精神情感得到慰藉。譬如孩子在学习、生活的过程中，发现了一件对他来说很不寻常的事，像帮助同学解决了学习中遇到的难题，内心感到高兴愉快，或者第一次目睹了一起小车祸，或者在他周围发生了一件新鲜事等，他会很急切地想回家告诉父母，但是，当踏进家门时，父母却不在，整个家空空荡荡的，第一盆冷水已经浇在头上了，他会觉得若有所

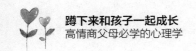

失，如果父母长期不在家，你能让他向谁去讲？

孩子的感情得不到宣泄，怎么办呢？他必须找朋友、找同学发泄！危机就出现在这时候——如果他的同学和他一样没有正确地看待问题或者情形也跟他一样，没有地方宣泄内心的情感，他们会不会去酗酒、抽烟、玩游戏、交女朋友呢？再下去就有可能产生社会问题了。

有很多父母在孩子滋事、打架、被学校记过，甚至留校察看、勒令退学时，常常凶恶地责备孩子："你怎么那么没出息""你看别人家孩子有多好""人家用功读书，你却每天鬼混，科科都不及格""爸妈哪一点不爱你，你要什么我给你什么，你还要怎么样？"

可是，这类父母却没有自我反省：当孩子最需要爱的时候，自己是怎么做的呢？你深入了解过孩子的情感世界吗？你给过孩子心灵的慰藉吗？金钱、物质能弥补孩子精神上的空虚吗？很多家长认为：天下没有不是的父母。在他们的眼里只有父母的尊严，孩子的不对等一切责任都归于孩子的顽固，但就是忽略了最重要的一点——是不是耐心地深入细致地与孩子进行过情感上的对话。

20美元的价值

孩子加入社会共同体的时间是在其生活的最早期。如果一种积极的亲子关系在孩子的成长过程中能够建立起来，那么，在他们长大后就能够建立起良好的道德意识，知道积极地爱护、帮助周围的人。

一天，凯普下班回到家已经很晚了，他很累，并且为工作上的事情有点心烦。打开门，凯普发现5岁的儿子吉米孤独地靠在门旁等他。

"爸爸，"小吉米说道，"我能问你一个问题吗？"

"什么问题？"

"你一小时可以赚多少钱，爸爸？"

"这与你无关，你为什么问这个问题？"父亲生气地问。

"我只是想知道，请告诉我，你一小时赚多少钱？"吉米追问。

"假如你一定要知道的话，我一小时赚20美元。"父亲说。

"哦，"吉米低下了头，接着又说，"爸爸，可以借我10美元吗？"

父亲发怒了："如果你借钱只是要去买毫无意义的玩具的话，给我回到你的房间，上床睡觉……"

吉米看到父亲凶巴巴的样子只好安静地回到自己的房间。

凯普平静下来后，想到自己可能对孩子太凶了——或许孩子真的很想买什么东西，再说他平时很少要过钱。

凯普走进吉米的房间："你睡着了吗，孩子？"

"还没有，爸爸，我醒着呢。"吉米回答。

"爸爸刚才可能对你太凶了，"凯普说，"爸爸向你道歉，这是你要的10美元。"

"谢谢你，爸爸。"吉米欢叫着接过钱并从枕头下拿出一些被弄皱的钞票，慢慢地数着。

"为什么你已经有钱了还要？"凯普又有些生气地问。

"因为这之前不够，但现在已经足够了。"吉米回答，"爸爸，我现在有20美元了，我可以向你买一个小时的时间吗？明天请早一点回家，我想和你一起吃晚餐。"

儿子的话击中了凯普心中最柔软的部分，他发现对儿子的关心实在太少了。从此以后，凯普开始注意与儿子吉米心灵上的交流，每天早早地下班回家陪伴孩子，他们之间的关系也更加亲近、和谐，吉米的精神世界也丰富多彩起来。看到儿子欢快地成长，凯普感到20美元永远是他心中最昂贵的宝藏。

良好的亲子关系是以爱为基础的，爱孩子就不要让他的内心感到孤独。但不可避免地，在现代快节奏和生活、工作的压力下，一些家长对孩子成长过程关注不够，他们一心为了追求事业的完美而忽略了孩子内心的需要。久而久之，在缺少父母关注的家庭中成长的孩子就会产生许多心理疾病，如自闭、胆怯、不善交流、害怕见陌生人等，而且还会有一种陌生横亘在父母和孩子之间，阻碍孩子正常、健康成长。

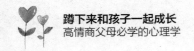
小小"打工仔"

　　父母对待孩子不应当过分无条件地奉献，应当让孩子明白，家庭也需要让孩子做些什么。这种意识先是从培养孩子尊重父母的劳动，懂得回报父母的爱开始，而不是让父母的爱"有去无回"。让孩子做一些社会工作，从事一些简单的劳动，从而培养孩子的社会价值观和使命感，这也是对孩子心灵的一种滋养。

　　朱丽叶和安德鲁夫妇是一对在读博士，在攻读博士学位前他们已经有了一个8岁的儿子鲁克。鲁克聪明伶俐，唯一的"毛病"就是喜欢吃零食。在他还不满3岁的时候就知道拉着爸爸妈妈到不远处的百货店。

　　每次遭到爸爸妈妈的拒绝，小鲁克就哭闹不止，大有不达目的誓不罢休的势头，朱丽叶和安德鲁夫妇纵然是满腹经纶也奈何不得3岁小儿。有一次，小鲁克又要让爸爸给他买糖果，爸爸说："亲爱的鲁克，爸爸可以答应你的要求，但是你也要答应爸爸一个条件。"

　　"什么条件？"小鲁克满脸疑惑。

　　"你现在买糖果的钱和你在幼儿园上学的钱都是属于爸爸妈妈的，你每花费一分钱爸爸都会记在一个小本子上，等你长大后也要还给我们，供爸爸妈妈上学。"爸爸说。

　　小鲁克似懂非懂地答应了。从此，鲁克每花费一分钱爸爸就提醒他一次"这些钱以后你要还给我们"。6岁的时候，小鲁克已经不再乱花钱了，他的小脑袋里除了功课外，已经开始琢磨怎样才能依靠自己的力量挣钱，将来供爸爸妈妈读书了。

　　转眼间，小鲁克8岁了，朱丽叶和安德鲁夫妇开始攻读博士学位。随着年龄的增长，小鲁克的思维也开阔起来，有一天，他忽然想起老师曾经说过"小孩子到了能使用简单的劳动工具后，就可以找寻打零工的机会了，诸如帮社区邻居的花园除草、送报纸、铲除车道上的积雪等"。鲁克想到这里兴奋不已，因为这里刚刚下过一场大雪，而且他已经会使用铁锹了。

　　第二天一早，小鲁克就按响了一对老夫妇家的门铃。

老太太打开门后，发现门口站着一个八九岁的小男孩。

"你好，"小男孩说，"我叫鲁克，我来帮你们铲雪好吗？"

"你起得真早，怎么在这附近没有见过你？"老太太说。

鲁克很有礼貌地回答道："我是新来的，我家搬到这个社区才只有一周。这么早就过来，会不会打扰到你们？"

老太太亲切地说："不会！我们也是很早就起来了……"说着，对着屋内喊道，"亲爱的！我们的车道铲雪工作，就决定交给这位小绅士喽！"

"你年纪这么小，就这么积极地打工，将来长大一定很有成就。"老太太说，"你怎么利用自己赚来的钱？是要把他们存起来？还是拿去买糖果，吃个痛快？"

小鲁克兴奋地说道："我赚钱不是要买糖果用的。我爸妈都还在念大学，我赚的钱，先赞助他们交学费！等我将来长大，他们答应也会帮助我读大学。"

小鲁克工作结束后得到了10美元报酬。

孩子的爱要靠学习和指导来开发。在孩子享受被爱的同时，要教会他奉献自己的爱心，即以同样的爱回报父母，形成健康、完整的爱之流。只有让孩子由被爱向施爱转化，使孩子在父母之爱的熏陶下，由感激父母、牵挂父母，到想为父母做事、回爱父母，才能形成健康、热情、亲密、和谐的亲子关系。孩子在爱与被爱的环境中成长，才能形成良好的人格，成为孝敬父母、尊重他人、富有同情心、善于帮助别人的人。

然而，通常情况下，父母往往富有自我牺牲的精神，对孩子的爱只知道给予，不讲回报，不培养孩子施爱的能力，愿意把自己的一切都献给孩子，这种境界固然高尚，但不是一种正确的家教方法，甚至是一种误导，其结果常常会事与愿违，适得其反，因为这种单向的爱会造成孩子情感畸形。久而久之，孩子就习惯于父母关心自己，不知道自己应该关心父母，更不知道关心别人，唯我独尊，成为名副其实的"小皇帝"。

很多时候，不求回报的爱非但没能使孩子朝着父母们所希望的方向发展，反而使孩子养成了许多诸如好吃懒做、只知索取不知奉献等不良习气，缺少价值观和责任感。这不仅不是爱，反而会害了孩子，因为没有价值观和责任感的孩子，长大后往往找不到自己在社会中的地位，认识不到自己的价值，从而会

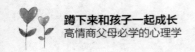

产生精神上的迷茫和无所适从，他们容易失去上进的动力，也容易为一些物质性的轻浮事物而吸引并沉溺其中。因此，在光怪陆离的社会里，从小就培养孩子正确的价值观和责任感才是真正爱孩子的表现。

马太效应
让孩子的自信心成长壮大

"凡是有的，还要加给他，叫他有余；没有的，连他所有的也要夺过来。"一个人的自信就像一株植物，它会生根成长、开花结果，也会枯萎凋谢。一个孩子只要有了信心，就会对学习产生胜任的感觉，从而喜欢上学习，而一旦获得成功、得到鼓励，就会不断鞭策自己取得更大的成功。

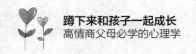
马太效应

《圣经》中有这样一个故事：

一位富人将要远行去国外，临走之前，他将仆人们叫到一起并把财产委托给他们保管。主人根据每个人的才干，给了第一个仆人5个塔伦特（注：古罗马货币单位），第二个仆人2个塔伦特，第三个仆人1个塔伦特。

拿到5个塔伦特的仆人把它用于经商，并且赚到了5个塔伦特；同样，拿到2个塔伦特的仆人也赚到了2个塔伦特；但拿到1个塔伦特的仆人却把主人的钱埋到了土里。

过了很长一段时间，主人回来了。拿到5个塔伦特的仆人带着另外5个塔伦来见主人，他对自己的主人说："主人，你交给我5个塔伦特，请看，我又赚了5个。"

"做得好！你是一个对很多事情充满自信的人。我会让你掌管更多的事情。现在就去享受你的土地吧。"同样，拿到2个塔伦特的仆人带着他另外2个塔伦特来了，他对主人说："主人，你交给我2个塔伦特，请看，我又赚了2个。"

主人说："做得好！你是一个对一些事情充满自信的人。我会让你掌管很多事情。现在就去享受你的土地吧。"最后，拿到1个塔伦特的仆人来了，他说："主人，我知道你想成为一个强人，收获没有播种的土地。我很害怕，于是就把钱埋在了地下。看那里，埋着你的钱。"

主人斥责他说："又懒又缺德的家伙，你既然知道我想收获没有播种的土地，那么你就应该把钱存在银行，等我回来后连本带利还给我。"说着转身对其他仆人说："夺下他的1个塔伦特，交给那个赚了5个塔伦特的人。"

"可是他已经拥有10个塔伦特了。"

"凡是有的，还要给他，使他富足；但凡没有的，连他所有的，也要夺去。"这个故事出于《新约·马太福音》，20世纪60年代，知名社会学家罗伯特·莫顿首次将这种现象归纳为"马太效应"。

马太效应说明了这样一种事实的存在：任何个体、群体或地区，一旦在某一方面（如金钱、名誉、地位等）获得成功和进步，产生积累优势，就有更多的机会取得更大的成功和进步。

表现在儿童自信心的培养上，越有自信心的孩子，就越能受到来自各方面的鼓励和帮助，取得更多的好成绩，而这些好成绩又会进一步刺激孩子自信心的成长，从而进入良性循环。望子成龙的家长们应该充分利用这一效应，给孩子更多的鼓励，让孩子的自信在鼓励中成长壮大。

自信需要尝试

大教育家叶圣陶说："每个孩子都有好奇心，好奇心驱使孩子们干这干那，努力在尝试中发现自己的长处和能力，他们像一只只摇摇晃晃的可爱的小鸭子，跟在妈妈的身后，妈妈做什么，他就去做什么。"但是，生活中大多数母亲总是显得不够耐心，常常在无意中向他们泼冷水，以至于"冷冻"了孩子的求知欲。

有一次，3岁的彼得正在学着自己穿鞋。"来，彼得，你穿得太慢了，妈妈给你穿。"妈妈抱过彼得，三下两下系好鞋带。面对妈妈熟练的技巧，彼得感到自己很笨拙。他灰心了，伸着脚让妈妈给他把鞋穿上。

4岁的时候，彼得小心翼翼地拿起水壶，想要帮助妈妈给花草浇水。"彼得，别动。"妈妈喊道，"小心把水洒到身上，你还小呢，让妈妈干吧。"

彼得要帮妈妈收拾桌子，妈妈吓坏了，赶紧夺过碗碟："小宝贝，你会把碟子摔碎的，还会划破手。"为了不使碟子破碎，彼得再一次丧失了学习的机会。面对妈妈一次又一次的拒绝与否定，彼得的自信心完全破碎了。

当孩子自己穿衣服的时候，妈妈说："穿错了，穿反了。"当孩子自己吃饭时，妈妈说："看你把衣服弄得多脏"，然后把勺子拿过来，喂他吃。就这样，妈妈让孩子们看清楚了自己是多么的不行，妈妈是多么的能干。如果他们不高兴，不肯张口吃饭，坚持要自己吃，妈妈还要大发脾气。妈妈认为孩子们弱小，怀疑他们的能力。妈妈并不知道自己做的这些事打击了孩子们学习的积极性。

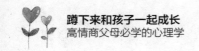

其实，放手让孩子自己去做，第一次有可能做不好，以后就会做得又快又好。到时再表扬几句，孩子会认为自己又学会了一技之长，以后处理其他事会很有信心。如果大人凡事都不让孩子动手，无形中就抑制了孩子做事的欲望，更严重的是打击了孩子的自信，使孩子认为自己是多么渺小，从而降低了孩子对自我能力的评估。

孩子们有天生的主动性，他们很小就认为自己能干一些事情，所以每个父母都应该明白，4岁的孩子是可以给花浇水的，就是把衣服弄湿了、弄脏了又有什么关系？孩子们一旦能够识别各种花，并且看到浇过水的花更加美丽，他会充满自豪感，引起更多的兴趣去探索这个世界。我们应该给他们机会。

父母一心想让自己的孩子成为最出色的青年，不惜花钱让他们去上各种训练班，提高能力，但在日常生活中却又不允许孩子们用不同的方法去发现自己的潜力，而是怀疑他们的潜力，限制他们的发展。父母相信孩子长大后能够干成事的，而且还要干大事，但现在还小，所以不需着急。

但多数父母忘记了从孩子出生后，就急切地盼望孩子能跟自己笑一笑，挥一挥手，不厌其烦地教他们喊妈妈爸爸。父母就是在鼓励他们学习、行动。那时候每个父母都很有耐心，因为这里面有娱乐成分，而且说说笑笑也不会给大人带来麻烦和干扰。一旦孩子的行动给父母带来麻烦和干扰，他们就会阻止孩子，等到明天再要求他们做事。

如果彼得总是跟着妈妈身后叫着"我要浇花""我要打鸡蛋""我要洗盘子""我要打扫屋子"，而妈妈永远回答："宝贝，你太小了，去玩玩具吧，去看电视去吧。"这样的话，彼得永远也无法学会做这些事情，他永远都是那么没有自信，因为他的自信从来就没有成长过、锻炼过，没有成功的经验，何谈充足的自信？

自信需要呵护

有一位从事儿童心理研究的专家对学龄前儿童做过一项调查，让他们说出自己的优缺点。结果，孩子们多数只说自己的缺点，而忽略了优点，令这位专家的心情十分沉重。孩子们天真、活泼的自信心到哪里去了呢？

初生牛犊不怕虎。这说明孩子在人生刚开始的时候，对于任何事情都有十足的自信心与良好的愿望，当他们自然地表现出来时，需要老师与家长，甚至全社会以赏识的心态与目光去对待、去扶持。只有这样，孩子们才会对自己的现在与未来充满信心。

相反，如果老师与家长只是简单地敷衍孩子，甚至无理、病态地去嘲讽他们，孩子的自信心就会受到打击，有可能就此变得自卑、压抑，从此甘居人后，凡事不思进取。

大发明家爱迪生一生中有1000多种发明，他的创造发明便是从幼年坐在鸡蛋上模仿母鸡孵小鸡开始的。当他的母亲发现孩子这种特殊的兴趣时，没有讽刺、挖苦与打击，而是加以精心呵护与鼓励。母亲的宽容、理解与支持终于使爱迪生在健康的环境中成长起来，最终成为伟大的发明家。

可见，自信心是孩子对事物产生兴趣的基础，我们的老师与家长应该充分理解孩子求知的心理。虽然，孩子的自信心有时显得天真、幼稚，甚至奇特、不可思议。但这些正是孩子以自己的独特的方式增长知识、加深阅历、开发智力的有效途径，对其一生都有重要的影响。

成功的教育就像无影灯一样，不会给学生带来心灵上的任何阴影，反而会满足他们自我实现的需要，产生良好的情绪体验，成为不断进取的加油站。当学生取得成功后，因成功而酿造的自信心对其新成绩的取得会产生进一步的推动作用。随着新成绩的取得，心理因素再次得到优化，从而形成了一个不断发展的良性循环，进而让学生不断获得成功。

一位母亲记叙了她培育孩子成长的经历：这个孩子出生时太小、太丑、太瘦弱了，犹如一个小涩柿子，只长着一个大鼻子；1岁多了还不会叫"爸爸""妈妈"，快4岁了还没长出眉毛，7岁了还"蹲"在幼儿园大班里……所以，当初父母对他并没抱多高的期望，只求他能平安、健康、快乐地成长。

后来妈妈发现，自己的儿子并不傻：他说出的第一句话，是回答人家的问题，说自己"笨"——这说明他不但能听懂人家的问话，而且还能模仿妈妈的话来答复；三四岁时，他给自己设定的未来，竟然是要当地球的"球长"；还

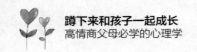

没上小学，他就能够背出上百首唐诗，能够随电视里的"跟我学"节目说出一长串标准的英语，虽然他根本不知道那是什么意思；玩的时候，他可以用筷子当指挥棒、用折扇当小提琴、用胡萝卜当话筒，在阳台上给楼下的小朋友开演唱会。

也许，在别人看来，这些都不过是小孩子的小玩闹，然而，在他母亲眼里，这就是特长，这就是希望。看到希望的母亲，耐心而又及时地引导、激发孩子的潜能，终于使他走上了成才的道路。

自信需要张扬

孩子需要张扬。人一旦被人发现，就发现了自己。孩子在成长中特别需要"发现"。尤其是对自我还不甚了解的孩子，格外需要有人去欣赏。孩子需要张扬，不要怕孩子骄傲，他张扬的时候就会把个性表现出来，这时候家长与老师要对他说："孩子，你真棒！"

在自己的努力下，杰克的考试成绩取得了长足进步，老师很高兴，大大地表扬杰克一番，同学们也很羡慕，纷纷向他行注目礼。爸爸妈妈当然更是兴奋，特地给杰克买了他心仪已久的玩具车作为奖励。

正当杰克情绪高涨，准备着进一步努力时，老师突然在他的期末评语上写下了"戒骄戒躁"四个字，这让杰克浑身打了一个冷战。随之而来的爸爸妈妈看过评语后严厉的批评，更让他像被泼了一盆冷水。同学们看他的目光似乎也有了另一种内涵。

在以后的考试中，杰克的成绩开始一落千丈，老师如同捡到了一个"骄傲使人落后"的范例，在班上广为传播，以儆效尤。家长也归咎于孩子的沾沾自喜，乃至动用扣发零花钱的惩罚。从此，杰克萎靡不振，再也没有取得很好的成绩。

世界级心理大师威廉·詹姆士说："孩子对自己的自信需要一个很好的表达空间，有时，我们会觉得这是一种骄傲，但事实不是那样，它是一种自信的表现，一种庆贺自己的表达方式。"

有个小男孩头戴球帽，手拿球棒与棒球，全副武装地走到自家后院。"我是世上最伟大的打击手。"他满怀自信地说完后，便将球往空中一扔，然后用力挥棒，但却没打中。他毫不气馁，继续将球拾起，又往空中一扔，然后大喊一声："我是最厉害的打击手。"他再次挥棒，可惜仍是落空。他愣了半晌，然后仔仔细细地将球棒与棒球检查了一番。之后他又试了三次，这次他仍告诉自己："我是最杰出的打击手。"然而他这一次的尝试还是挥棒落空。

"哇！"他突然跳了起来，"我真是一流的投手。"

多么可爱的小男孩！不，多么自信的小男子汉！在欣赏小男孩的可爱的同时，让人也不禁暗想：如果这些话都是出自我们的老师和爸爸妈妈们之口该多好！

曾经有位幼儿园大班的老师在课堂上问："你们认为谁在班里长得最好看？"话音刚落，一时间课堂上的空气十分活跃，孩子们争先恐后地站起来，都说自己是班级里最漂亮的。可就在这时，老师向这群自信、可爱的孩子泼去一盆冷水，"还真有你们这样脸皮厚的孩子，竟认为自己长得最好看，羞不羞呀？"其实，类似于这种打击孩子积极性的例子，在学习与生活中并不少见。

孩子进步了，受到师生褒奖，未必就会骄傲自满，兴许是一种油然而生的自豪与自信。自信并不会让人变得夜郎自大。事实上，不是所有的人、所有的事都可以给人自信的，自信必须要有"资本"，这"资本"就是强项、长处、优势等过人之处。孩子为了保持这个"资本"，就得不断努力，不断有所进步，不断开拓创新，不断抢占上风。从这个意义上说，自信是一种动力，它不但不会使人落后，反而会使人进步。

自信需要暗示

每一个孩子都能成为非凡的人，一个孩子能不能成为天才，关键是他的父母和老师对他有没有信心。信心是能够传递的，只有家长和老师对孩子有了信心，孩子对自己才会有信心。

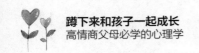
小詹妮就是一个很自信的孩子。詹妮刚上中学的时候，学校有一个特别试验班，能在这个班级里学习的孩子数学水准都很高。詹妮很想进入这个班集体，与其他人不同的是，她的数学基础不是很好，所以她面临很大的压力。

细心的妈妈看在眼里，就劝她不要去什么特别班了。可是詹妮却不同意，她说："我相信自己的能力，我一定能进入这个班级的。"

这之后，詹妮用数倍于别人的努力去学习。第一学期坚持下来，她的各科成绩都获得优秀，并顺利地通过了特殊班的测试，圆了自己的梦想。

自信的人并不是没有压力，不是盲目地自以为是，而是面对压力知己知彼，从容对待。刚刚进入中学，学校里开展了一系列的拓展训练：站在一个7米高的木板上，从一块木板跨到另一块木板。詹妮起初很害怕，她去问教练："两个板之间的距离有多远？"教练说大概是一米到一米三吧！詹妮偷着跑到旁边，在平地试了一下，发现自己使劲跨出去，能跨出一米五六，她心里有数了，完成了"知彼"。她又想：上去就当在平地，最差掉下来也有防护设施，只不过寒碜点而已，于是，她又完成了"知己"。结果，她一次成功。

这件事情让詹妮大受启发：只要做到知己知彼，就有成功的把握。学习也是一样的道理。

自信使詹妮在学校里出类拔萃，她多次获得高额奖学金，还获得学校演讲比赛第一名。她到当地一家电视台当了一次嘉宾，就被导演看中，不久，成了这个节目的业余小主持人。

是什么让小詹妮有如此大的自信呢？用詹妮的话说就是：我的自信正是来自我的妈妈。妈妈从不给我任何压力，而是在一旁赞赏我已经走过的路程，帮我"数脚印"。作为一个普通的妈妈，她是怎样帮助女儿树立自信心的呢？仔细思考之后，母女二人总结出自己的经验：

今天比昨天强。妈妈常对女儿说的一句话是："只要今天比昨天强就好"。自信源于成功的暗示，恐惧源于失败的暗示。人积极的暗示一旦形成，就如同风帆会助你成功；相反，人消极的心理暗示一旦形成，又不能及时消除，就会影响一生的成功。

狐狸法则
培养孩子的独立意识

　　狐狸世界的法则是：成年后就不能与父母住在一起，就不能靠父母养活，得自己去生活。我们必须懂得，这也是所有自然界的生存法则。如果你不知道如何生存，那么你就将被大自然无情地淘汰。

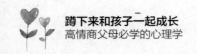

狐狸法则

在一个严寒的冬天，狐狸富来普和莱拉真诚地相爱了。莱拉生了5只小狐狸，他们在海边的沙丘上建立起了一个愉快、幸福的家庭。为了让孩子们能尽快地成长，富来普和莱拉日夜奔忙着寻找食物。

后来不幸的事接连发生，最小的琪尼塔双目失明；梅雨季节孩子们饥饿的叫声，使富来普和莱拉冒着生命危险去村子里偷鸡，莱拉不幸被夹子打中，脚被夹断，在痛苦的回忆中，莱拉因感染离开了富来普和孩子们。

狐狸妈妈不幸去世后，富来普担负起了抚养孩子的重任。它没有像母鸡孵小鸡那样把孩子们保护在身下，而是让它们出去独立生活。它严厉地教育它们，教给他们捕捉食物的方法，逃避危险的智慧，带着他们去做实习旅行。当小狐狸已经能独自捕食的时候，它们还想娇滴滴地在爸爸身边撒娇，但富来普已经决定把它们赶走。

在一个风雪交加的夜晚，富来普把刚学会走路和觅食的小狐狸全部赶到洞外。小狐狸站在风雪中凄厉地哀叫着，一次又一次试图回到洞里，可是每一次都会被堵在洞口的富来普咬出去。那些被富来普咬伤并被赶走的小狐狸眼中充满着忧伤和委屈，然而富来普则是义无反顾的坚决和果断。

虽然琪尼塔的双眼已经瞎了，但是富来普也没有给它特殊的照顾，照样把它赶得远远的。因为富来普知道，没有谁能养它一辈子。小狐狸们从这一天起便长大了，那只瞎眼的小狐狸也终于学会靠嗅觉来觅食。

当狐狸爸爸再一次看到自己孩子的时候，虽然5个孩子中只剩下了两个，但它们已经变得更加健康强壮。

这是日本电影《狐狸的故事》中的场景，这是一个关于北方狐狸养育、教育孩子的故事。北方狐狸十分重视培育后代的独立生存能力。小狐狸们在很小的时候，就开始学习如何捕食，当他们长大成熟后，老狐狸就不再允许它们留在身边，而是无情地驱赶出去，迫使它们去独立生活，去开拓新的生存领域。即便那些不能，或不愿独立生活的小狐狸跑回来哀求留下时，老狐狸们也是毫不留情地又把它们赶走。

狐狸世界的法则是：成年后就不能与父母住在一起，就不能靠父母养活，得自己去生活。我们必须懂得，这也是自然界所有动物的生存法则。如果你不知道如何生存，那么你就将被大自然无情地淘汰。如果你在父母身边永远有所依靠，那么当你有朝一日独立去面对这个世界的时候，你就将无所适从。

据说小鹰长到一定程度以后，它们的父母会让那些小鹰们在悬崖峭壁上一字排开，然后被其父母一个个地推下悬崖。会飞的适者生存，不会飞的物竞天择，纵然摔向谷底粉身碎骨，威严的老鹰父母也绝不会有一丝一毫的动摇。

狐狸和老鹰让人类懂得了生命应该以何种方式在这个世界上存在。动物是靠本能中的天性来实现它对下一代的爱的，尽管有些残酷，但这就是动物为了族类持续生存的天然法则。就像达尔文所说的那样：物竞天择，适者生存。

再试一次

罗宾是布莱尔的好朋友，在他结婚5年后，太太为他生了个金发碧眼的女儿。他开心得像个孩子，逢人就说他女儿多么可爱，真是顶在头上怕摔着，含在嘴里怕化了，宠爱得不得了。

"你很爱你的女儿。"布莱尔也有一个近一岁的儿子，他能理解罗宾的举动，"小家伙一定很可爱。"

"当然，"罗宾高兴得眉飞色舞，"哪天让你见见我的小天使。"

万圣节放假时，罗宾约布莱尔一家到郊外去玩。他终于见到了罗宾的女儿，才7个月大，果然像个小天使一样可爱。

野餐时，他们铺了张大地毯，布莱尔的妻子把儿子抱在怀里，时刻注意他的动向。儿子哭了，妻子马上取过奶瓶；爬出地毯，她立即把他抱回来……整个野餐中，妻子的目光几乎没离开过孩子。

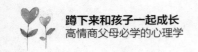
吃过饭，布莱尔和妻子更是一切围着儿子转。而罗宾夫妇就不同了，他们吃饭时，珍妮哭了，罗宾为她送去一瓶水，让她自己捧着，嘬着奶嘴喝；野餐后，他们干脆把孩子扔在地毯上，夫妻俩手挽着手，像恋爱中的年轻人一样，东游西逛去了。

布莱尔的妻子很生气，认为罗宾夫妇把她当成免费的保姆，让她照顾他们的孩子来了。可布莱尔却不这么认为，罗宾绝不是这样的人。

回去的路上，布莱尔不顾妻子的阻拦，把这个疑问当面向罗宾提了出来。

罗宾听了，也不做任何解释，直接把布莱尔夫妇拉到了他们家。进了房间，罗宾就将一张影碟放进了DVD机，一按按钮，电视屏幕上出现这样的画面：

一个美国妈妈用儿童车推着一个小男孩逛超市，从有冷气的超市里，走到阳光高照的大街上，这个小男孩一直在睡着。回到家，妈妈马上把小男孩放到了一张小床上。当小男孩哭时，妈妈先是检查了一下他的尿片，接着递给了他一瓶奶。小男孩手捧着瓶子喝完奶，自己玩起了床头的玩具。

眨眼的工夫，画面上那个嗷嗷待哺的小男孩长到了1岁多，他像模像样地自己用勺子吃饭。一不小心，他的脸撞进了食物盘里，他抬起脏兮兮的脸，惊恐地瞪大眼睛。外出时，小男孩跟在妈妈身后，跌跌撞撞地走着。忽然，一下子跌倒在地，妈妈开心地笑着，等在一旁，而小男孩也笑着爬了起来……

"太残忍了。"布莱尔的妻子抱紧儿子，"这样对待孩子，他心里会有阴影的。"

"不会啊，"罗宾愕然地说，"这也是我们养育孩子的方法。"

"我还是认为，这个孩子的妈妈并没有尽到应尽的责任。"布莱尔的妻子不理布莱尔对她的暗示，一口气说了出来。

"噢，"罗宾笑了，"她就是我妈妈，而那个男孩子就是我。"

在美国，这样的教子方式是最正常不过的事情。美国人普遍认为，人一生中最重要的有两件事，一个是教育，另一个就是独立。

在美国公园的水泥地面上，我们经常可以看见蹒跚学步的小孩子摔倒在地上的情景，如果正值夏天，有些孩子踝露出来的膝盖还会磕出一片暗红的血印。孩子抬起头望望父母的反应，如果父母很快跑来抱起他，心疼地安慰、揉抚他，他便会委屈地哭起来；如果大人以很鼓励的态度说："要不要再试一试？"孩子会很快爬起来，又接着练起来。孩子磕痛了，父母当然很心疼，但这是孩子自己的生活，自己的决定，父母应该尊重他的愿望，不要过多地干涉，让孩子自己决定该怎么做。

洛克菲勒是这样教育孩子的

喜剧演员戴维·布瑞纳是美国最著名的笑星，他在自己的事业上取得了辉煌的成就，他的故事成了所有父母培养子女独立品格的典范。

当有人问他成功的秘诀时，戴维说起了他那一生中最珍贵的礼物。戴维出生于一个非常富有的家庭。当他中学毕业时，许多同学的家长都给自己的孩子一份厚重的礼物，有的是新服装，有的甚至得到了新轿车。

当戴维问父亲自己可以得到什么礼物时，父亲从衣袋里掏出一枚小硬币，轻轻放在儿子手上，语重心长地说："用它去买一张报纸，一字不漏地读一遍，然后在分类广告栏目，找一份工作。自己去闯一闯吧，它现在已经属于你了！"

"我一直以为这是父亲跟我开的一个天大的玩笑。几年后，我去部队服役，当我坐在伞兵坑道里认真回忆我的家庭和我的生活时，才意识到父亲给了我一份什么样的礼物。我的那些朋友得到的只不过是新衣服或者新轿车，但是父亲给予我的却是整个世界。这是我得到的最好的礼物。"已经小有成就的戴维如是说。

在美国，有一些学生的家庭经济并不困难，但家长却执意让自己八九岁的孩子去打工挣零花钱，他们的目的就是要培养孩子自力更生、勤俭节约的习惯。洛克菲勒就是其中之一。

洛克菲勒很小的时候就开始靠给父亲做"雇工"——清晨到田里干农活挣零花钱，有时还帮着母亲挤牛奶。此外，洛克菲勒还专门有一个用于记账的小本子，将自己的工作按每小时0.37美元记入账，然后再与父亲结算。他做这件事很是认真，因为他感到这件事既神圣又趣味无穷。

更有意思的是，洛克菲勒的第二代、第三代乃至第四代都严格照此方法教

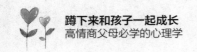
育孩子，而且还要定期检查他们做事的效果。否则，谁也别想得到一分钱的零花钱。

洛克菲勒的家族之所以让孩子这样做，并非家中一贫如洗，也不是父母有意苛待孩子，而是为了从小培养孩子艰苦自立的品格和勤劳节俭的美德。那小账本上记载的不仅仅是孩子打工的流水账，更是孩子接受考验和磨难的经历！

作为父母，我们送给孩子的礼物应该是有助于他开启世界之门的钥匙，而不是笼子中的食物。爱孩子就要给他一片自由翱翔的天空，去经历风雨，去感受绚烂彩虹。很多父母舍不得让孩子独立去外闯荡，生怕这儿碰了，那儿磕了，殊不知，羽翼之下，孩子的胆量会越变越小，依赖心却越来越大。

再富也要"穷"孩子

曾有一位亚裔母亲讲过这样一个故事：

她到悉尼一家妇产科医院前去就医，看见一对夫妻来做二胎产前检查，妻子进诊室见医生去了，丈夫便带着2岁的女儿在外面大厅等候。

一会儿，女儿闹着要喝水，于是父亲便在身旁的自动售货机上顺手扯了一个免费纸杯，冲进厕所接了一杯自来水便递到孩子手里（自来水经过净化，可以饮用）——父亲不是买不到饮料，自动售货机正出售一元一杯的可口可乐和橙汁，而他也不是买不起饮料，据说，他是一家体育用品公司的主管，年薪15万元。

在澳洲，中学和小学的午餐可以在学校餐厅购买（学校餐厅只出售汉堡包之类的粗糙食物），也可以自带。但自带的占了大多数，一般是一瓶可乐再加一个汉堡包和一个水果。孩子们外出旅游，如需就餐也不过是光顾既便宜又实惠的"麦当劳"。如果仅从孩子们所带的食物上来判断，你无论如何是判断不出其家境是贫穷还是富裕的。

其实，澳洲人的"再富也要'穷'孩子"的理念并非刻意为之，用他们的话来说，不过就是"为未来着想"——孩子们长大了早晚要离开父母去自闯一片天地，与其让他们那时面对挫折惶惑无助，倒不如让他们从小摔摔打打，"穷"出直面人生的能力和本事。

中国有一句老话叫"授人以鱼，不如授人以渔"，帮助别人的最好办法不是不断地施舍，而是教会他生存的本领。用到教育孩子方面，父母不应该过分娇惯孩子，甚至为其留下万贯家产，而应该教会他们独立生存的手段，只有这样，孩子们才能在父母老去之后，依然可以长久地拥有自己的幸福。

事实上，越来越多的富翁们也开始倾向于"给孩子工具箱，而不是万贯家产"的教育方式。他们的首选遗赠对象是慈善事业，而不再是孩子。

靠自我奋斗成为亿万富翁的约瑟·约伯在处理自己遗产的时候告诉3个刚刚成人的女儿："因为太爱你们了，所以我决定不给你们留下太多的钱。"每个女儿获得价值100万美元的公司股票。相对他庞大的产业，这只是很小的一部分，而其余的部分将捐献给慈善机构。

65岁的富翁查尔斯·范尼的所作所为更是惊人。前后捐出41亿美元，这几乎是他所有的钱。他给5个子女留下的仅仅是各设一份为数不多的信托基金。当年出身寒苦的范尼在通过与同学合开机场免税连锁店获得巨大利润后，决定以匿名方式助学解困。最初捐一二十万，后来上百万地捐。在给母校总计5000多万的捐款中，他指定资助家境贫寒而成绩优良的学生。因为资助额度越来越高，范尼感觉这种匿名方式迟早会被发现，便又与律师精心策划，把35亿美元资产不可逆转地一次性捐出，在百慕大成立了一个名为"阿特兰迪"的基金会。

世界首富比尔·盖茨也宣布，他将留给儿女每人1000万美元，剩下的全捐给慈善机构。目前盖茨拥有的股票价值185亿，给子女的还不足零头。美国第二富翁巴菲特虽然没有明确到给孩子们多少钱，但也曾多次暗示不会很多。

富翁们都这样认为：把巨额金钱留给孩子们，最终将使孩子的创造力和生命力枯萎。他们试图寻找一个尺度，一个不放纵孩子，同时又给予他们关爱的尺度。在这个充满机遇的时代，只要肯努力、肯付出，孩子们能够比父母做得更好。有经济学家曾对拥有15万美元以上遗产的继承人做过调查，结果显示，几乎20%的调查对象停止了工作，他们不需要挣钱养活自己求生存，过多的遗产使得他们生活浪费而没有追求。

鲇鱼效应
培养孩子的竞争意识

　　竞争的力量会让一个人发挥出巨大的潜能，创造出惊人的成绩，尤其是当你的竞争对手强大到足以威胁生命的时候。如果不鼓励孩子参与竞争，就很难开发他们的潜能，更不用说发掘出人生的深层意义和享受美好的人生。

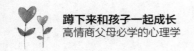
鲇鱼效应

很久以前，挪威人从深海捕捞的沙丁鱼，总是还没到达海岸都已经口吐白沫，渔民们想了无数的办法，想让沙丁鱼活着上岸，但都失败了。然而，有一条渔船却总能带着活鱼上岸，他们带来的活鱼自然比死鱼贵出好几倍。

这是为什么呢？这条船又有什么秘密呢？

后来，人们才发现其中的奥秘，原来他们在沙丁鱼槽里放进了鲇鱼。鲇鱼是沙丁鱼的天敌，当鱼槽里同时放有沙丁鱼和鲇鱼时，鲇鱼出于天性会不断地追逐沙丁鱼。在鲇鱼的追逐下，沙丁鱼拼命游动，激发了其内部的活力，从而活了下来。

与此相似，日本也有一个渔夫故事。

日本的北海道盛产一种味道珍奇的鳗鱼，海边渔村的许多渔民都以捕捞鳗鱼为生。鳗鱼的生命非常脆弱，只要一离开深海区，要不了半天就会全部死亡。

有一位老渔民天天出海捕捞鳗鱼，奇怪的是，返回岸边之后，他的鳗鱼总是活蹦乱跳。而其他捕捞鳗鱼的渔户，无论怎样对待捕捞到的鳗鱼，回港后全是死的。

由于鲜活的鳗鱼要比冷冻的鳗鱼贵出一倍，所以没几年工夫，老渔民一家便成了远近闻名的富翁。周围的渔民做着同样的事情，却一直只能维持简单的温饱。

原来，鳗鱼不死的秘诀，就是在整仓的鳗鱼中，放进几条狗鱼。

鳗鱼与狗鱼非但不是同类，还是出了名的死对头。几条势单力薄的狗鱼遇到成仓的对手，便惊慌地在鳗鱼堆里四处乱窜，这样一来，一仓死气沉沉的鳗鱼被全部激活了。

这就是"鲇鱼效应"的由来，"鲇鱼效应"告诉我们，竞争可以激活人们内在的活力。在孩子的教育中同样如此，父母和师长们应该培养孩子积极的竞争意识，给孩子一个竞争的舞台，充分发挥他们的潜能，鼓励他们永远以积极的态度对待自己的人生。

假如没有竞争，老虎也会失去霸气

在秘鲁的国家级森林公园，生活着一只年轻的美洲虎。

由于美洲虎是一种濒临灭绝的珍稀动物，全世界仅存17只，为了更好地保护这只珍稀的老虎，秘鲁人在公园中专门建造了一个虎园。这个虎园占地20平方公里，并有精心设计的豪华的虎房。

虎园里森林茂密、百草芳菲、沟壑纵横、流水潺潺，并有成群人工饲养的牛、羊、鹿、兔供老虎尽情享用。凡是到过虎园参观的游人都说，如此美妙的环境，真是美洲虎生活的天堂。

然而，让人感到奇怪的是，从没人看见美洲虎去捕捉那些专门为他预备的活食，也没人见它王气十足地纵横于雄山大川，啸傲于莽莽丛林，甚至未见过它像模像样地吼上几嗓子。与此相反，人们常看到它整天待在装有空调的虎房里，或打盹儿，或耷拉着脑袋，睡了吃，吃了睡，无精打采。

有人说它也许太孤独了，若有个伴儿，或许会好些。于是，秘鲁政府通过外交途径，从哥伦比亚租来一只母虎与它做伴，但结果还是老样子。

有一天，一位动物学家到森林公园来参观，见到美洲虎那副懒洋洋的样儿，便对管理员说："老虎是森林之王，在它所生活的环境中，不能只放上一群整天只知道吃草，不知道猎杀的动物。这么大的一片虎园，即使不放进几只狼，至少也应放上两只豺狗，否则，美洲虎无论如何也提不起精神。"

管理员们听从了动物学家的意见，不久便从别的动物园引进了几只美洲豹。这一招果然奏效，自从美洲豹进虎园的那一天，这只美洲虎再也躺不住了。它每天不是站在高高的山顶愤怒地咆哮，就是有如飓风般俯冲下山岗，或者在丛林的边缘地带警觉地巡视和游荡。老虎那种刚烈威猛、霸气十足的本性被重新唤醒。它又成了一只真正的老虎，成了这片广阔的虎园真正意义上的森

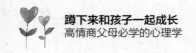
林之王。

美洲虎的慵懒柔弱，显然是动物园管理人员的"精心呵护"造成的。舒适的虎园让它缺乏竞争的动力与激情，心甘情愿地过着安逸祥和的生活，可是，整日埋头苦睡的美洲虎，与一只温柔的大猫又有什么区别？家长们应该反思，自己是不是在部分或者全部地重复秘鲁国家动物园的故事呢？

课堂上的"鲇鱼效应"

古往今来，课堂是由老师主宰的，学生只能正襟危坐，洗耳恭听。老师讲到哪，学生就听到哪，不可越雷池半步。

后来，"政策放宽"，学生随老师所问，举手获准后可以发言。可是在课堂中，往往就有这么几个"坏"学生，激动起来喜欢接着老师的话往下说，忽视了举手这个小小的环节。这就是人们常说的"插嘴"。

"插嘴"让老师头疼，因为它打破了安静的课堂气氛，而且经常会突然打乱老师事先准备好的授课次序。

从某种程度上说，学生在课堂上的"插嘴"现象也是"鲇鱼效应"的一种体现。插嘴的学生大多数是认真听讲、积极思考，情不自禁地主动发言。他们积极主动参与课堂教学，主动自觉学习。这远比那些想着如何做好才能受到老师表扬，张着嘴等老师"喂知识"，甚至于"身在曹营心在汉"的学生要好得多。

大家都很清楚，老师的"教"要为学生的"学"服务，课堂上出现学生生动活泼主动学习的场面，是每个老师所追求的理想效果。而插嘴的学生正起了"鲇鱼"的作用，由于他们的情不自禁，一大批学生的学习积极性被调动了起来。

因为问题是他们发现的，解决的热情也开始升温，这要比老师给你问题，让你解决的效果好得多。如果课堂上能多几次这样的"插嘴"，气氛将会很快地活跃起来。这种"插嘴"，可以缩短师生之间的心理距离，使老师、学生在课堂教学中处于和谐的交互活动状态。

分苹果的故事

美国一位心理学家为了研究母亲对人一生的影响，在全美选出50位成功人士，他们都在各自的行业中获得了卓越的成就，同时又选出50位有犯罪记录的人，分别去信给他们，请他们谈谈母亲对自己的影响。有两封回信给心理学家的印象最深刻。一封来自白宫一位著名人士，一封来自监狱一位服刑的犯人。他们谈的都是同一件事：小时候母亲给他们分苹果。

那位来自监狱的犯人在信中这样写道：小时候，有一天妈妈拿来几个苹果，红红绿绿，大小不同。我一眼就看见中间的那个，又红又大，非常想要。这时妈妈把苹果放在桌子上，问我和弟弟：你们想要哪个？我刚想说要最大最红的那个，这时弟弟抢先说出我想说的话。妈妈听了，瞪了他一眼，责备他说："好孩子要学会把好东西让给别人，不能总想着自己。"于是，我灵机一动，改口说："妈妈，我想要那个最小的，最大的留给弟弟吧。"妈妈听了非常高兴，在我的脸上亲了一下，并把那个又红又大的苹果奖励给我。我得到了我想要的东西，从此，我学会了说谎。

那位来自白宫的著名人士是这样写的：小时候，有一天妈妈拿来几个苹果，红红绿绿，大小不同。我和弟弟们都争着要大的，妈妈把那个最大最红的苹果举在手中，对我们说："这个苹果最大最红最好吃，谁都想要它。很好，现在，让我们来做比赛，我把门前的草坪分成三块，你们三人一人一块，负责修剪好，谁干得最好，谁就有权利得到它！"

我们三人开始比赛剪草，结果我赢得了那个最大的苹果。我非常感谢母亲，她让我明白一个最简单的也最重要的道理：要想得到最好的，就必须努力争第一。她一直都是这样教育我们，也是这样做的。在我们家里，你想要什么好东西要通过比赛来赢得，这很公平，你想要什么，要多少，就必须为此付出多少努力和代价！

同样的苹果，在两个不同的妈妈手中，塑造了两个截然不同的人生。人们都渴望得到美好的东西，孩子们尤其如此。孩子的心灵是纯洁的，他们本不懂得什么是阴谋与手段，错误的教育使他们具备了耍手腕的能力。

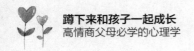

　　我们希望孩子具有竞争的意识和能力，但前提是一定要正当和公平。父母应该利用孩子的需要，对孩子加以正确引导，使之懂得正当的索取与付出之间的关系，从小就培养起公平竞争的美德。违背人的天性的教育，必然造就扭曲的人格；错误的竞争意识的灌输，必然培养出阴险虚伪的孩子。

天鹅效应
溺爱是一种伤害

渔翁夫妇无论如何也没有想到，习惯了被他们保护的天鹅，一旦失去他们的怀抱，结局将是十分悲惨的。在这个世界上，人人都赞美无私的爱，可是，有时爱也是一种伤害，并且是致命的。

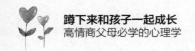

天鹅效应

山脚下有一个湖，当地人叫它天鹅湖。天鹅湖中有一个小岛，岛上住着一位老渔翁和他的妻子。平时，渔翁摇船捕鱼，妻子则在岛上养鸡喂鸭。除了买些油盐，平时他们很少与外界往来。

有一年秋天，一群天鹅来到岛上。它们是从遥远的北方飞来，准备去南方过冬的。老夫妇见到这群天外来客，非常高兴，因为他们在这儿住了那么多年，还没有见谁来拜访过。

渔翁夫妇为了表达他们的喜悦，拿出喂鸡的饲料和打来的小鱼，于是这群天鹅就跟这对夫妇熟悉起来。在岛上，它们不仅大摇大摆地走来走去，而且在老渔翁捕鱼时，它们还随船而行，嬉戏左右。

冬天来了，这群天鹅竟然没有继续南飞，它们白天在湖上觅食，晚上在小岛栖息。湖面封冻，它们无法获得食物，老夫妇就敞开他们茅屋的门，让它们在屋里取暖，并且给它们吃的，这种关怀每年都延续到春天来临，直至湖面彻底解冻。

日复一日，年复一年。这对老夫妇就这样奉献着他们的爱心。

有一年，他们老了，离开了小岛，天鹅从此消失了。不过它们不是飞向了南方，而是在第二年湖面封冻期间饿死了。

故事中渔翁夫妇对天鹅的爱，绝对是无私而又真挚的，毕竟这些漂亮可爱的小生灵给孤寂的他们带来了慰藉与欢乐，帮助他们排遣了心灵的寂寞。在寒冷的冬天里，不能适应北方严寒的天鹅肯定也需要他们的照顾与呵护。可是渔翁夫妇无论如何也没有考虑到，习惯了他们的爱护的天鹅一旦失去了他们的怀抱，结局将是十分悲惨的。

在这个世界上，人人都赞美无私的爱，可是，有时爱也是一种伤害，并且是致命的。为了让父母记住这个教训，我们把父母那种无私的溺爱而导致子女的无能称为"天鹅效应"。

溺爱带来无能

有个小孩上了高中，要住宿，这可愁坏了孩子的爸爸，不为别的，就为孩子每天起床这件天大的事。这位爸爸还真有办法，自己不能每天跑30多公里的路来把孩子从被窝里拽起来，就把这光荣而又艰巨的任务交给了孩子的"舍友"，每天起床的时候由舍友推他。那位爸爸也不让人家白干，声称可以"按月付酬"。

上面这位爸爸的腰包看来是够鼓的，为了孩子可以不惜金钱。但要比起谁更爱孩子，下面这位爸爸则做得更绝，他不仅不惜金钱，甚至不惜自己的身体与尊严。

某学校带学生去远足，有一位家长给教师写了一张条子，谎说孩子身体不舒服。老师一问孩子，孩子说了实话。没办法，家长只得让孩子去了。于是给孩子准备了熟鸡、肉、水果、罐头、香肠、巧克力、饮料……真是应有尽有。这还不算，家长还特意请了假，骑车远远地在后面跟着学校的队伍，怕孩子受委屈。到了晚上老师去查铺，发现床底下有一个人，吓了一大跳，原来是孩子的爸爸钻在床底下。这位爸爸说："孩子没在外睡过觉，怕他翻身掉下来，我在这儿等着接他呢。"

爱孩子爱到这个份上，其用心之良苦真可谓空前绝后了，可是，家长们如此良苦的用心，带来的结果却不是想象中的那么美好。

有媒体报道，一个20岁的大学生在与父亲走散后竟然连回家的路都不认识。乍一听，这事好像是天方夜谭，但遗憾的是，这就是发生在你我身边的不折不扣的事实。

过去，人们常以"书呆子"来讥讽读书人，说得再形象些就是"四体不勤，五谷不分"等诸如此类。但再怎么"两耳不闻窗外事，一心只读圣贤书"也不会像这位大学生这般"不食人间烟火"吧？如此没有生活自理能力，又怎么能在竞争日趋激烈的社会中站稳脚跟，博得一席之地呢？

上文中儿子之"迁"，过错并不全在自身，为人父母者更应深刻检讨一番。就这则新闻而言，儿子找不到家，父母应该承担主要责任。从来都没有单

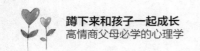

独出过门，上大学后每次回家、返校均由父亲亲自接送，饭票也是由父亲去换，在这种衣来伸手、饭来张口的日子里，长成的也只能是温室里的花朵，经不起风吹雨打。做父母的爱子心切固然可以理解，但你们可以照顾孩子一时一事，毕竟不能照顾他一生一世。今日的溺爱也许正埋下了日后孩子吃苦受罪的种子。

溺爱带来软弱

冰冻三尺，非一日之寒。孩子们软弱性格的形成，与幼儿期时父母的错误教育有着直接的关系。

在一个秋高气爽的星期天，来自全东京的3500名童子军，集合在当地的一个运动场上，举行一个庆贺典礼。典礼还没进行到一个小时，蹲着聆听致辞的孩子们就陆续有人晕倒，总数达到了11人。

后来，小学五年级以下的小童子军们也来参加，为了活跃气氛，主办方举行了"破气球游戏"，规则很简单，就是自己脚上绑着气球，再去对方队伍中把他们的气球踢破。可是，游戏过程中，孩子们只是列队哇哇叫嚷着，大多不想积极地冲入对方的阵地，去多踢破一个气球。看了这种情形，主办方为了给孩子们"打气"，也加入了这场游戏，而且他们踢得都很专心，可是孩子们并没有因此而受到刺激，他们以一副镇静的表情观望着，好像在说："这么大的人了，还乐个什么劲！别踢伤了才好。"

平常受过严格童子军训练的学童尚且如此，那些没有受过训练的孩子，就更可想而知了。常常听说，在学校运动会上，有很多孩童连50米赛跑都跑不完，甚至有的稍一跌倒就骨折，让救护人员忙得不可开交。此外，不会吊单杠、不会跳箱、不会爬竹竿的孩子更是数不胜数，如果老师想做个示范，他们反而会劝老师："危险，还是别做的好！"胆小懦弱，缺乏竞争意识和竞争能力，似乎已经成了当今孩子的通病。

有很多父母由于对孩子过分溺爱，在应该严加管教的时候不严加管教，把教育的责任统统推给幼儿园与学校。上体育课时，孩子稍微受了点伤，父母就大惊小怪地要学校贴医药费。如果孩子被老师训了一下，就更了不得了，轻则父母会和老师大吵大闹，重则纠集亲友，向校方兴师问罪。如此一来，学校对一些孩子的错误行为不敢管、不愿管。孩子们长期处于这种环境中，养成娇生惯养的心理和胆小懦弱的性格，自是理所当然的了。

有的家长说："不是我不愿管，我的孩子非常任性，不听话，只想自己想干的事情。责备他一次就反抗一次，越来越不好对付了，实在是没办法。"

殊不知，孩子的任性也是父母培养出来的能力之一。有些父母，害怕孩子受一点挫折，看到孩子摔倒哭了，急忙奔跑过去把孩子抱在怀里，心肝宝贝地哄着。当然，这样做本身并不完全是什么坏事，但不管任何场合都用上这样的方法，就会培养孩子的任性心理。孩子长大以后，不管做了什么事，父母都不愿给他一点责备，任其为之，于是在不知不觉中更助长了孩子的任性行为。

天下的父母都爱孩子，却未必会爱孩子。邓颖超曾经说过："母亲的心总是仁慈的，但是仁慈的心要用得好，如果用不好的话，结果就会适得其反。"过分的关心溺爱，实际上是剥夺了孩子遭受适当挫折、困难和学习爱护别人的权利。这样的孩子从小只会享受，不知奉献，心中只有自己，没有他人，不管在身体还是精神上，都十分的软弱。

溺爱带来任性

最新的研究结果表明，那些太多太快得到物质需求满足的孩子，长大成人后难以应对人生的挫折。他们有种扭曲的权力感，阻碍他们在工作单位和人际关系中取得成功。心理学家说，对孩子放纵的家长实际上可能会使他们将来更易于焦虑和沮丧。

有一个被宠坏的孩子，他说他挺爱这个世界的——家庭条件那么好，爷爷奶奶爸爸妈妈又疼他，学习成绩也不错，人长得还挺"酷"……小时候的一个晚上，妈妈带他去朋友家串门。回到家，他突然发现一直攥在手里的一块糖没

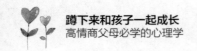
了。那糖是妈妈的朋友给的，他家没有这样的糖，但是他要！他打着滚地哭。爷爷奶奶爸爸妈妈实在心疼，便带上手电，倾巢出动，沿着来路进行"拉网式"大搜寻。眼看到了12点了，糖还是没有找到。妈妈看着因绝望而哭得死去活来的孩子，终于硬着头皮敲响了朋友家的门。

他要什么就准能得到什么。后来他长大了，想要一个女朋友。但是他看上的女孩根本看不上他，他不再躺地打滚，而是拿起一把刀子割破了自己的手腕……在医院，他被抢救过来。但是他又开始绝食。父母哭着对他说，你想把我们急死？不就是一个女孩么，你人生的路还长着呢，好女孩多的是。他恨恨地说，但是我就想要她！

是的，从没有过挫败感的心凭什么不可以歇斯底里地疯狂叫嚣"我要"！得到了是天经地义，得不到就自伤自残。从一块无理的糖开始，那个孩子就被无休止的温柔满足着，直至失去了人形。

近年来，随着独生子女家庭的大量涌现，许多父母任意地溺爱孩子，过多地满足孩子的一切物质要求。这种以孩子为中心无原则给予的爱，势必会使孩子在生活、学习中以自我为中心，缺乏社会责任感，在生活中也毫无尊重他人的概念，异常任性和粗暴。

专家们对溺爱孩子的家长提出警告：溺爱即是害，对孩子的物质需求不加约束是愚蠢的行为，放纵孩子将使他们难以应对未来人生的挫折。不要让孩子过养尊处优的生活，应当从小培养孩子独立、健全的人格，使之对家庭对社会有责任感和使命感。

中国有句成语叫"过犹不及"，凡事"过分"都会带来很大的害处。对孩子的爱也是如此，过分的溺爱会造成孩子心灵世界的荒芜，甚至形成人格方面的缺失，走上社会后与周围的人格格不入，有的甚至会走向反面，落个悲惨的结局。

刻板效应
摒弃对孩子的偏见、成见

　　有些父母，总是记着孩子的"不是"与"错误"，对孩子已经形成一种不成才的刻板印象，当孩子进步后还是以原来的语言去评价孩子，对孩子形成偏见、成见，既伤害了孩子的自尊，也影响了父母在孩子心目中的形象。

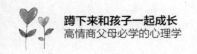

刻板效应

有人出了这样一个问题请众人回答：

一位公安局长在路边同一位老人谈话，这时跑过来一位小孩，急促地对公安局长说："你爸爸和我爸爸吵起来了！"老人问："这孩子是你什么人？"公安局长说："是我儿子。"

请问：这两个吵架的人和公安局长是什么关系？

这一问题，在调查的100名被试中只有两人答对！调查者后来向一个三口之家问这个问题，父母没答对，孩子却很快答了出来："局长是个女的，吵架的一个是局长的丈夫，即孩子的爸爸；另一个是局长的爸爸，即孩子的外公。"

为什么那么多成年人对如此简单的问题解答反而不如孩子呢？这就是"刻板效应"，换句话说就是"定式效应"，即依照自己固有的看法，公安局长应该是男的，从男局长这个心理定式去推想，自然找不到答案。而小孩子没有这方面的经验，也就没有刻板心理定式的限制，因而一下子就找到了正确答案。

人们不仅在思考和解决问题时会出现"刻板效应"，在认识他人，与人交往的过程中也会受心理定式的影响。苏联心理学家曾做过这样一个经典的实验：

实验者向参加实验的两组大学生出示同一张照片，但在出示照片前，向第一组学生说：这个人是一个怙恶不悛的罪犯；对第二组学生却说：这个人是一位大科学家。然后他让两组学生各自用文字描述照片上这个人的相貌。

第一组学生的描述是：深陷的双眼表明他内心充满仇恨，突出的下巴证明他沿着犯罪道路顽固到底的决心……

第二组的描述是：深陷的双眼表明此人思想的深度，突出的下巴表明此人在人生道路上有克服困难的意志……

对同一个人的评价，仅仅因为先前得到的提示不同，描述的结果竟然有如此戏剧性的差距。生活中常可见到这样的例子：青年人往往认为老年人墨守成规，而老年人又往往认为青年人举止轻浮；教授总是白发苍苍、文质彬彬，工人则是身强力壮、举止豪爽等。

由此可见，刻板效应就是人们头脑中存在的关于某一类人的固定印象的心理现象。刻板效应普遍存在于人类生活的各个角落，当然，在家长和老师教育孩子这方面也不例外。

现实生活中，很多家长和老师普遍存在着对学生社会角色期望的偏差。好孩子就是听话，否则就不是好孩子；"好学生"的标准就是"学习好"，而学习好的标准就是成绩好。家长、老师存在的"刻板效应"对孩子的成长和角色发展都带来了很大的伤害和消极的影响。

曾经有位平时学习不好的学生有一阶段学习特别刻苦，在期末考试时成绩特别突出，知道考试成绩后，孩子的父母说："成绩是不错，作弊了吗？"

由于父母平时对孩子已经有了"孩子成绩差"这样一种刻板的印象，在孩子进步后还是以原来的标准去评价孩子，对孩子造成偏见、成见的错误认识，既伤害了孩子的自尊，也影响了父母在孩子心目中的形象。

苏东坡和佛印

在一家出版社的选题讨论中，出现了这么一种有趣的现象，编辑们分别列出了他们认为最重要的一个选题，它们分别为：

编辑A正在参加成人教育以攻读第二学位，他选的是《怎样写毕业论文》；编辑B的女儿正在上幼儿园，她的选题是"学龄前儿童教育丛书"；编辑C是围棋迷，他的选题是《聂卫平棋路分析》……

心理学研究发现，人们在日常生活中常常不自觉地把自己的心理特征（如

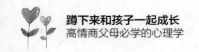
个性、好恶、欲望、观念、情绪等）归属到别人身上，认为别人也具有同样的特征，如自己喜欢说谎，就认为别人也总是在骗自己；自己自我感觉良好，就认为别人也都认为自己很出色。

由于"刻板效应"的存在，我们常常可以从一个人对别人的看法中来推测这个人的真正意图或心理特征。

中国宋代著名学者苏东坡和佛印和尚是好朋友，一天，苏东坡去拜访佛印，与佛印相对而坐，苏东坡对佛印开玩笑说："我看见你是一堆狗屎。"而佛印则微笑着说："我看你是一尊金佛。"苏东坡觉得自己占了便宜，很是得意。回家以后，苏东坡得意地向妹妹提起这件事，苏小妹说："哥哥你错了。佛家说'佛心自现'，你看别人是什么，就表示你看自己是什么。"

由于人都有一定的共同性，都有一些相同的欲望和要求，所以，在很多情况下，我们对别人做出的推测都是比较正确的，但是，人与人毕竟有差别，因此，推测总会有出错的时候。在日常生活中，我们常常错误地把自己的想法和意愿投射到别人身上：自己喜欢的人，以为别人也喜欢，总是疑神疑鬼；父母总喜欢为子女设计前途、选择学校和职业。

尴尬的日本商人

在中世纪的欧洲及中国漫长的封建社会中，父母常把孩子当作手中的泥人，认为想把他捏成什么样，他就应该成什么样。片面产生主观，而谬误又常常跟随着片面和主观而来。有这么一个故事，很能说明由于片面、主观的意识而带来的意识偏差：

有一天，一位日本商人请一位犹太画家在饭馆吃饭。宾主坐定之后，画家趁等菜之际，取出纸笔，给坐在边上谈笑风生的饭馆女主人画起速写来。不一会儿，速写画好了。画家递给日本商人看，果然不错，画得形神皆俱。

日本人连声赞叹道："太棒了，太棒了。"听到朋友的奉承，犹太画家便转过身来，面对着他，又在纸上勾画起来，还不时向他伸出左手，竖起大拇指。通常，画家在估计人的各部位比例时，都用这种简易方法。

日本商人一见画家的这副架势，知道这回是在给他画速写了。虽然因为彼此相对而坐，看不见他画得如何，但还是一本正经摆好了姿势。日本人一动不动地坐着，眼看着画家一会儿在纸上勾画，一会儿又向他竖起拇指，足足坐了10分钟后，画家停下笔来，说道："好了，画完了。"

日本人松了一口气，迫不及待地欠身一看，不禁大吃一惊。原来画家画的根本不是那位日本商人，而是画家自己左手大拇指的速写。

日本商人连羞带恼地说："我特意摆好姿势，你……你却捉弄人。"犹太画家却笑着对他说："我听说你做生意很精明，所以才故意考察你一下。你不问别人画什么，就以为是在画自己，还摆好了姿势。单从这一点来看，你同犹太商人相比，还差得远呢。"

这时候，日本商人才如梦方醒，明白过来自己错在什么地方——看见画家第一次画了女主人，第二次又面对着自己，就以为一定是在画自己了。

日本商人的心理定式使他遭受了犹太画家的嘲弄，时常，我们内心固有的东西成了我们行为的羁绊，走在大街上，迎面而来的陌生人朝你微笑，我们的内心会忽然一动，然后也报之一笑，但却发现陌生人的笑容给了你身后的人。人一旦形成了思维定式，就会习惯地顺着思维的定势思考问题，不愿也不会转个方向、换个角度想问题，这是很多人的一种愚顽的"难治之症"。人们的这种毛病在日常生活中很大程度上影响了做事效率，同样在教育孩子这方面，老师、家长固有的心理定式对孩子也是有害无益。

有些家长给孩子设计发展方向时，根据自己的爱好或主观推断，很少考虑孩子的兴趣和爱好。孩子明明喜欢学习天文知识，喜欢体育，家长却硬要孩子去弹钢琴，搞摄影，并且不惜代价，置办诸如钢琴、相机之类的高档品，然后请专家向孩子"传艺"，结果却不尽如人意，既浪费了金钱，又浪费感情，并且还委屈了孩子。用主观带来的刻板印象，来决定孩子的一生，这是教育中的最大错误。

因材施教，从心理学的观点看来，就是尊重个性。人心不同，各如其面，

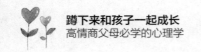
每个人有每个人的个性，即使同卵所生，其个性亦存在着差异。父母应像根雕艺术家那样，根据不同材料，就其形其势，注入艺术的匠心，将他们雕成各式各样的艺术品，把不同个性的孩子，培养成为社会各行各业的有用人才。

按成绩排座位是个歪招

现实生活中，很多老师和家长不自觉地对孩子形成了一种刻板效应，尤其是对那些以前"公认"的"坏孩子"，大人们的这种偏见是对孩子心灵的暴力，严重阻碍了孩子愉快健康地成长。

有些文化素养不高的家长，一旦发现孩子三五岁时有不聪明的表现，七八岁时有蠢笨的举止，便断言"这孩子完了，这么简单的问题都不会，甭指望他（她）有出息了！"与错误的失望随之而来的，就是父母对孩子的爱骤然降温，责骂痛打让孩子随时能够领教。其结果，肉体施暴伤及皮肉，心灵施暴损毁自信，受伤的皮肉很快康复，受伤的心灵却可能一辈子也难以愈合。

不管怎样，孩子一生还有几十年的前程，发展变化难以预料。作为家长，务必要摒弃"刻板效应"的束缚，万不可以点代面、以偏概全、以恼怒代替理智，过早而盲目地断言孩子的未来。

如果一个平时顽劣成性的孩子，因为某件事情触动了他内心的情感，从而收敛了往日诸多"捣蛋"的行为，变得安静温顺起来，那么家长和老师就应该相信孩子的变化，赞赏孩子改变自己的勇气。家长和老师每天都应该以全新的眼光来看待孩子，千万不要用旧有的心态评判他们，成长中的孩子可塑性极强，过去不等于现在，更不等于未来。

一个最简单最普遍的例子是老师按照学生的分数对学生进行分类，排座位。表面上看，排座位是一件不起眼的小事。但如果深入到孩子中去，你就会发现，这件小事不仅影响着学生，而且影响着学生的家长。

在教室里，老师如果总也不排你在前几排就座，那么，就等于明白无误地告诉你，你是班上的"陪读"。在这里，老师的影响力形成了一种可怕的误导：没有好的分数，就没有希望。老师的这种以分论人的刻板做法是十分有害的，它挫伤了孩子学习和进步的积极性，更重要的是孩子的心灵会因此而受到极大伤害。

在教育孩子的问题上，老师和家长不能对孩子抱有任何成见，任何时候都不要有"此子不可教也"的错误思想。这种态度会严重伤害孩子的自尊心，既不能使孩子充满自信，也不利于孩子的其他方面的发展和成长。